湖北省学术著作出版专项资金资助项目

数字制造科学与技术前沿研究丛书

现代制造企业质量管理方法与实践

李益兵　郭　钧　郭　晨　编著

武汉理工大学出版社

·武汉·

图书在版编目(CIP)数据

现代制造企业质量管理方法与实践/李益兵,郭钧,郭晨编著. —武汉:武汉理工大学出版社,2019.1

ISBN 978-7-5629-5651-8

Ⅰ.①现… Ⅱ.①李… ②郭… ③郭… Ⅲ.①制造工业-工业企业管理-质量管理 Ⅳ.①F407.406.3

中国版本图书馆 CIP 数据核字(2017)第 238327 号

项目负责人:田　高　王兆国　　　　　　责 任 编 辑:陈　硕
责 任 校 对:刘　凯　　　　　　　　　　封 面 设 计:付　群
出 版 发 行:武汉理工大学出版社(武汉市洪山区珞狮路 122 号　邮编:430070)
　　　　　　http://www.wutp.com.cn
经　销　者:各地新华书店
印　刷　者:武汉中远印务有限公司
开　　　本:787×1092　1/16
印　　　张:13
字　　　数:226 千字
版　　　次:2019 年 1 月第 1 版
印　　　次:2019 年 1 月第 1 次印刷
印　　　数:1—1000 册
定　　　价:78.00 元

总　　序

当前,中国制造 2025 和德国工业 4.0 以信息技术与制造技术深度融合为核心,以数字化、网络化、智能化为主线,将互联网＋与先进制造业结合,兴起了全球新一轮的数字化制造的浪潮。发达国家(特别是美、德、英、日等制造技术领先的国家)面对近年来制造业竞争力的下降,大力倡导"再工业化、再制造化"的战略,明确提出智能机器人、人工智能、3D 打印、数字孪生是实现数字化制造的关键技术,并希望通过这几大数字化制造技术的突破,打造数字化设计与制造的高地,巩固和提升制造业的主导权。近年来,随着我国制造业信息化的推广和深入,数字车间、数字企业和数字化服务等数字技术已成为企业技术进步的重要标志,同时也是提高企业核心竞争力的重要手段。由此可见,在知识经济时代的今天,随着第三次工业革命的深入开展,数字化制造作为新的制造技术和制造模式,同时作为第三次工业革命的一个重要标志性内容,已成为推动 21 世纪制造业向前发展的强大动力,数字化制造的相关技术已逐步融入制造产品的全生命周期,成为制造业产品全生命周期中不可缺少的驱动因素。

数字制造科学与技术是以数字制造系统的基本理论和关键技术为主要研究内容,以信息科学和系统工程科学的方法论为主要研究方法,以制造系统的优化运行为主要研究目标的一门科学。它是一门新兴的交叉学科,是在数字科学与技术、网络信息技术及其他(如自动化技术、新材料科学、管理科学和系统科学等)跟制造科学与技术不断融合、发展和广泛交叉应用的基础上诞生的,也是制造企业、制造系统和制造过程不断实现数字化的必然结果。其研究内容涉及产品需求、产品设计与仿真、产品生产过程优化、产品生产装备的运行控制、产品质量管理、产品销售与维护、产品全生命周期的信息化与服务化等各个环节的数字化分析、设计与规划、运行与管理,以及产品全生命周期所依托的运行环境数字化实现。数字化制造的研究已经从一种技术性研究演变成为包含基础理论和系统技术的系统科学研究。

作为一门新兴学科,其科学问题与关键技术包括:制造产品的数字化描述与创新设计,加工对象的物体形位空间和旋量空间的数字表示,几何计算和几何推理、加工过程多物理场的交互作用规律及其数字表示,几何约束、物理约束和产品性能约束的相容性及混合约束问题求解,制造系统中的模糊信息、不确定信息、不完整信息以及经验与技能的形式化和数字化表示,异构制造环境下的信息融合、信息集成和信息共享,制造装备与过程的数字化智能控制、制造能力与制造全生命周期的服务优化等。本系列丛书试图从数字制造的基本理论和关键技术、数字制造计算几何学、数字制造信息学、数字制造机械动力学、数字制造可靠性基础、数字制造智能控制理论、数字制造误差理论与数据处理、数字制造资源智能管控等多个视角构成数字制造科学的完整学科体系。在此基础上,根据数字化制造技术的特点,从不同的角度介绍数字化制造的广泛应用和学术成果,包括产品数字化协同设计、机械系统数字化建模与分析、机械装置数字监测与诊断、动力学建模与应用、基于数字样机的维修技术与方法、磁悬浮转子机电耦合动力学、汽车信息物理融合系统、动力学与振动的数值模拟、压电换能器设计原理、复杂多环耦合机构构型综合及应用、大数据时代的产品智能配置理论与方法等。

　　围绕上述内容,以丁汉院士为代表的一批制造领域的教授、专家为此系列丛书的初步形成提供了宝贵的经验和知识,付出了辛勤的劳动,在此谨表示最衷心的感谢!对于该丛书,经与闻邦椿、徐滨士、熊有伦、赵淳生、高金吉、郭东明和雷源忠等制造领域资深专家及编委会成员讨论,拟将其分为基础篇、技术篇和应用篇三个部分。上述专家和编委会成员对该系列丛书提出了许多宝贵意见,在此一并表示由衷的感谢!

　　数字制造科学与技术是一个内涵十分丰富、内容非常广泛的领域,而且还在不断地深化和发展之中,因此本丛书对数字制造科学的阐述只是一个初步的探索。可以预见,随着数字制造理论和方法的不断充实和发展,尤其是随着数字制造科学与技术在制造企业的广泛推广和应用,本系列丛书的内容将会得到不断的充实和完善。

《数字制造科学与技术前沿研究丛书》编审委员会

前　言

随着全球制造业和信息技术的发展,以及国际制造行业水平的不断提升,制造企业所面临的竞争越来越激烈,市场对产品质量的约束和要求越来越多。市场的需要逐步提升了产品质量在企业管理中的地位,产品质量的优劣是决定企业在市场中能否取得销售份额的关键。

质量是进入市场的通行证已经成为人们的广泛共识。因此,企业如何以"世界级质量"参与全球行业竞争成为我国广大制造企业存亡的重大问题。创造"世界级质量"意味着企业要把产品生命周期各个阶段的质量形成、产生与实现的全过程进行统一管理,并将质量管理与控制真正融入企业的战略目标中,确立并实现质量领先的战略目标,才能使我国的制造企业立于市场竞争的不败之地。

本书以编者所在课题组多年在质量管理领域的理论研究与实践为基础,归纳总结现代质量管理方法,以客户需求为驱动,以过程控制为对象,强调基于数据和事实的决策依据,实现企业产品质量控制与质量的持续改进,并以汽车企业、光电子企业以及建材装备制造企业为具体案例进行应用方法的研究。这些理论方法的研究和应用进一步推动了质量管理的研究与发展。

本书由李益兵、郭钧、郭晨编著,彭兆、孙利波、杜百岗、江丽等参与了部分章节的编写整理和应用实践工作,特别感谢郭顺生教授对本书撰写给予的指导与帮助。本书相关内容得到了国家自然科学基金"基于演化博弈的核心制造企业订单跟踪与优化方法研究(项目编号:71171154)"、湖北省科技支撑计划项目"数字化协同设计与制造管理平台共性关键技术研发与应用示范(项目编号:2014BAA032)"、中央高校基本科研业务费专项资金(即武汉理工大学自主创新基金)项目资助,以及若干企业横向合作项目支持,在此表示感谢。

由于质量管理及其方法在不断地丰富与发展,加之编者水平有限,本书难免存在一些不足之处,恳请广大读者批评指正。

编　者
2017 年 8 月

目　　录

1 质量管理概述

质量是企业的生命。随着社会经济和生产力的发展,经济一体化的浪潮席卷全球,市场竞争日趋激烈,企业面临着更多的机遇和挑战,而产品质量已经成为企业最有力的战略竞争武器,是企业兴衰的决定因素之一。产品质量问题是国民经济发展中的一个战略问题。坚持"质量第一"是我国长期的战略方针,也是一项重大政策。质量是质量管理的对象,正确全面理解质量的概念,对开展质量管理工作是十分必要的。

1.1 质量概念及其发展

自 20 世纪初泰勒(F. W. Taylor)首次提出质量科学管理理论以来,质量管理在全世界范围内得到广泛应用,并随着市场经济以及新的制造模式、信息科学等技术的发展而发展。企业进行质量管理的技术、方法和手段也在不断地改进和提高,质量概念及其管理的内涵和外延也都得到了不断的丰富和拓展。

质量是整个质量管理科学中一个最基本的、最重要的概念。质量概念的形成是一个不断发展和深化的过程。在生产发展的不同历史时期,人们对质量的理解随着科学技术的发展和社会经济的变化而有所变化。众所周知,企业竞争的焦点经历了产品导向、制造导向、销售导向和今天的竞争导向。在产品导向阶段,质量是指达到产品设计预期的功能;在制造导向阶段,质量意味着符合产品规格;在销售导向阶段,质量除了指产品符合规格以外,还包括质量保证的一系列措施;在竞争导向的阶段,质量好就是指产品在性能、可靠性、安全性、适应性、经济性和实践性等方面全面满足客户需求,以求功能、费用、进度等方面相权衡适宜,而且通过不断地改善质量让客户持续满意,并将此理念贯穿于产品的生命周期过程中。

　　根据国际标准化组织在 ISO9000：2000《质量管理体系·基础和术语》中给出的定义：质量是一组固有特性满足要求的程度，理解这个定义必须抓住"固有特性"和"满足要求"这两点。固有特性是指产品设计和开发以及其在生产过程中形成的属性；而满足要求同时包含两方面的含义，一方面是指满足客户的要求，另一方面是指满足相关法律法规等其他方面的要求。也就是说，所谓的产品质量就是必须在满足客户要求的基础上使客户满意。同时，该定义中并没有将质量局限于产品或服务，而是泛指一切可单独描述和研究的事物，它可以是活动或过程，可以是产品，也可以是组织、体系或人以及上述各项的任何组合。因此这个概念突出反映了质量概念的广泛包容性。这是迄今为止影响最广泛、也最为人们所接受的质量定义。

1.2　质量管理发展阶段

　　质量管理经历了质量检验管理、统计质量管理、全面质量管理、标准化质量管理和数字化质量管理五个阶段，本节介绍前四个阶段。

1.2.1　质量检验管理阶段

　　质量检验管理阶段是指从 20 世纪初到 20 世纪 30 年代末。工业革命成功以后，机器生产逐渐取代了手工作坊生产，生产中的分工和协作关系越来越复杂，单纯依靠操作者来保证质量已经不能适应生产力的发展。20 世纪初，美国工程师泰勒主张根据职能进行分工，把计划职能和执行职能分开，建立专职管理队伍，并率先提出将质量检验职能从生产过程中分离出来，成为独立的环节，设立专职的检验人员。检验人员根据产品的设计标准，利用各种各样的检测设备和手段，对半成品和成品进行检验，防止不合格品进入下一工序或出厂。

　　专职质量检验虽然保证了产品的出厂质量，但是由于质量检验只是属于事后质量的评估，无法挽回原材料、人工费用等方面在生产过程中的损失，不能起到预防和控制的作用；其次，它要求全数检验，不仅增加了生产成本，而且在大批量生产和破坏性检验情况下，技术上难以实现；再次，质量管理涉及部门较多,当出现质量问题时,容易产生互相推诿、责任不清等现象,不利于提高产品的质量。

质量检验是一种"事后检验",是指在产品完成后,由专职质量检验人员通过质量检验,发现并剔除不合格品。其弱点在于此时的质量状况已经成为既定的事实,不能起到质量的预防和控制作用;其次没有充分调动发挥一线员工的积极性。然而,质量检验仍然是目前质量管理的有效手段之一。

1.2.2 统计质量管理阶段

统计质量管理阶段是指 20 世纪 40 年代至 60 年代,其代表人物是贝尔实验室的休哈特(W. A. Shewhart)博士。随着生产规模的不断扩大,人们开始注意到质量检验的弱点,一些统计专家和质量管理专家开始考虑运用数理统计方法来解决质量问题,其显著应用就是统计过程控制(Statistical Process Control,SPC)。

1924 年,休哈特首先将数理统计的原理运用到质量管理中,提出了著名的质量控制图法。将质量管理从单纯的事后检验把关发展到制造过程控制,实现了质量的预防控制和质量检验相结合,提高了产品的质量。其特点在于实现了"事中控制",并具有一定的预防功能。

统计质量控制的运用虽然可以实现生产过程的实时监控,但也有许多不足之处。首先,统计质量控制纯粹以数理统计为主,过分强调数理统计技术,忽视了组织、人员在质量管理活动中的作用,限制了质量管理的发展;其次,统计方法具有一定的难度,使人们产生了"质量管理就是深奥的统计方法"等错误认识,使工人感到高不可攀,影响了质量管理的积极性。尽管如此,统计质量控制仍然是质量管理的主要技术之一。

1.2.3 全面质量管理阶段

全面质量管理(Total Quality Management,TQM)从 20 世纪 60 年代开始,至今仍在不断发展和完善。全面质量管理概念是由费根堡姆(A. V. Feigenbaum)和朱兰(J. M. Juran)等人先后提出来的。他们认为产品质量的形成除了与生产过程密切相关外,还受到企业生产经营的其他环节和全体员工的影响,单纯依靠数理统计方法控制生产过程和事后检验是不够的。

全面质量管理最为重要的特点就是管理的全面性,具体表现在四个方面:管理对象上不仅仅包括产品质量,也包括工作质量和过程质量;管理范围上强调全过程的管理;是全员的质量管理;强调解决质量问题的方法和手段应是多种多样的,应综合运用。因此,需要有一系列的组织工作,将质量控制向质量管理领域拓展,要管理好质量形成的全过程,强调全员、全过程和全部门的质量。此外,产品质量要与产品成本联系在一起,在质量管理的过程中要强调质量成本的重要性。

1.2.4　标准化质量管理阶段

ISO9000 系列标准的产生使质量管理迈入标准化阶段。随着经济一体化和竞争全球化,世界各国广泛合作。国际化标准组织质量管理和质量保证技术委员会(ISO/TC176)经过多年努力,总结了世界各国的质量管理和质量保证经验,于1987 年正式发布 ISO9000—9004 系列标准。

ISO9000 系列标准将质量、质量管理等概念进行了统一,规范了质量管理活动,将质量管理提升到规范化、标准化、程序化的新高度。随着时代的发展和社会的进步,ISO9000 系列标准也历经了三次修订,目前主要以 2000 年 12 月 15 日颁布的 2000 版 ISO9000 标准为主。ISO9000 质量管理体系从管理的角度入手,通过控制工作流程的质量来保证产品的质量。2000 版的 ISO 质量标准化文件提出了"八项质量管理原则""基于过程的管理模式"和"持续改进"等概念。

除此之外,以美国菲利浦·克劳士比(Philip B. Crosby)为代表的质量哲学观点也得到迅速发展。克劳士比主张抓质量主要是抓住根本,就是人。人的素质提高了,才能真正使质量获得提高。它的目标是第一次就把事情做对,而且把每次做对作为奋斗方向,提出了零缺陷(Zero Defect, ZD)管理。摩托罗拉工程师比尔·史密斯(Bill Smith)于 1986 年提出的六西格玛(Six Sigma)管理策略,是一种改善企业质量流程管理的技术,以"零缺陷"的完美商业追求,带动质量成本的大幅度降低,最终实现财务成效的提升与企业竞争力的突破。

1.3　质量管理的主要内容

1.3.1　客户需求的质量管理发展

在实际生产中,质量问题并不取决于企业和生产者本身的意志,而是取决于对客户需求的重视,并懂得如何将客户需求融入产品的设计、生产和制造等过程中。为此,日本三菱重工神户船厂的赤尾洋二(Akao Yoji)首先提出了质量功能展开(Quality Function Deployment,QFD)这一新的质量管理方法,并在20世纪70年代经丰田汽车公司进一步发展而成熟,主要包括客户需求获取阶段和QFD分解阶段。

要想将质量功能展开真正用好,其前提就是要准确获取客户需求,因此,客户需求的分析和处理近年来是质量管理,也是客户关系管理(Customer Relationship Management,CRM)研究的一个重点内容和热点领域。QFD吸收市场营销方面的成果,设计各种需求获取和整理工具,如最常用的5W1H访谈法(何因Why、何事What、何地Where、何时When、何人Who和何法How)和KJ法[亲和图法,日本的川喜田二郎(Kawaklda Jiro)首创]整理客户需求。

客户需求由于受到多方面因素的影响,具有多样性、多变性、隐蔽性、复杂性等特点,因此是QFD中最关键也是最困难的一步。传统的客户需求是通过与客户的直接或间接接触,采用问卷调查、客户访谈等方式来获得。由于简单易行,该方法仍然在很多企业得到很好的应用。随着信息和网络技术的发展,特别是电子商务和CRM系统的兴起,基于Web源获取客户需求成为一个重要渠道,其相关的理论方法和应用研究日益成为学术界与工业界关注的重点。

客户需求的分析主要是对客户需求的聚类以及客户需求的重要度评价。通常采用层次分析法,如采用1～5或1～10为评分标度进行客户需求重要度排序;通过两两比较确定客户需求的相对权重,采用传统的层次分析法(Analytical Hierarchy Process,AHP)建立判断矩阵,进行层次排序,得到客户需求指标的权重。运用需求分类、属性层次分析、拓扑分析、神经网络和关联规则分析等方法对客户需求进行分析与处理是常用的方法,但上述方法都是基于客户需求的表述是精确、完全的并具有分明的层次或树状结构。事实上,由于客户需求通常具有不确定性、不完整性和模糊性等特征,上述的研究方法存在一定的缺陷性。因此,将模糊集理论(Fuzzy Logistic Theory,FLT)运用于客户需求的模糊性处理已经成为重要研究方向之一。

获取客户需求后,通过质量屋工具将客户需求向产品技术特征项映射展开。在实际应用中,一般需要经过产品计划、部件配置、处理计划和生产计划四个阶段。QFD 代表了从被动的、反应式的传统产品开发模式,即"设计—试验—调整"到一种主动的、预防式的现代产品开发模式的转变,它将注意力集中于规划和问题的预防上,而不仅仅集中于问题的解决上。

总而言之,在面向客户的质量管理方面,主要内容就是获取并分析客户需求,判定客户需求重要度,并通过质量屋等工具建立客户需求与技术特征项的映射关系矩阵,并判定出技术特征项的权重,以及产品竞争力综合评价等工作,而基于 Web 源的客户需求获取以及应用模糊理论的客户需求分析与质量功能展开是当前的研究热点。

1.3.2 过程控制的质量管理发展

在过程质量管理方面,最初泰勒要求质量检验作为一种管理职能从生产过程中分离出来,并建立了专职检验制度。20 世纪 20 年代初,贝尔实验室的科学家休哈特发表了其著作 *Economic Control of Quality of Manufactured Product*,首先提出了"预防和控制"的观点,应用概率论和数理统计理论设计了监控生产过程的工具——控制图。休哈特将产品缺陷的产生主要归结为两大方面的因素:

(1)偶然因素:只是偶然引起产品质量的波动,并不影响整个生产制造过程;

(2)异常因素:可导致整个生产过程产品质量的下降。

休哈特控制图对提高产品质量水平起到很大的推动作用,但是由于休哈特控制图只利用了过程当前点子的信息,而不能充分利用整个样本点子的历史信息和相关信息,因此对过程的小变动不够灵敏。20 世纪 50 年代,统计过程控制领域诞生了很多新的概念和理论。针对过程出现小偏移不够灵敏等问题,1954 年佩基(E. S. Page)等采用序贯分析原理,提出了累积和(Cumulative Sum,CUSUM)控制图,将一系列样本点子的微弱信息累积起来,使其对过程的小变动灵敏。CU-SUM 控制图虽然对被控系统时域信息有所考虑,但是没有考虑到不同时刻的观测值对当前质量的影响因子不同。基于此,1959 年罗伯特(S. W. Roberts)提出了指数加权滑动平均(Exponentially Weighted Moving Average,EWMA)控制图。EWMA 控制图与 CUSUM 控制图最大的区别在于数据具有时间特征并使得权重值各不相同,它是对所有历史信息和当前信息的加权平均,适用于非正态情况下的统计过程控制,但对正态性假设不敏感。由于在实际过程中,统计过程的样本容量可能会不相等,造成控制图的上下控制界线不是直线,1981 年我国著名质量专家张公绪和阎育芳等提出了通用控制图,通过标准变换解决了控制界线非直线问题。

现代企业的生产模式由大批量单一品种加工模式向着多品种、个性化和小批量加工模式变化,而且随着检测技术和计算机技术飞速发展,生产过程中能够被测量和处理的过程变量越来越多,关于产品的定量和定性分析性能指标也越来越多。同时,因为要注重客户需求的多样性与复杂性,所以在实际生产过程中对控制产品质量的性能指标和过程检测就变成了一个多变量过程质量控制新问题。这些变量可能相互独立,但是更多的情况是彼此存在一定的相关性。国内在这一领域的研究学者主要有夏远强、韩文秀和何民以及孙静等。另外,还有主元分析法(Principal Components Analysis,PCA)、偏最小二乘法(Partial Least Square,PLS)、因子分析法(Factor Analysis,FA)和正则分析法(Canonical Variate Analysis,CVA)等。

自 20 世纪 90 年代以来,统计过程控制与自动过程控制的结合问题成为研究的热点之一,国际上称之为 ASPC(Algorithmic Statistical Process Control),国内也有学者称之为 SPCDA(Statistical Process Control Diagnosis and Adjustment),并开发出了多个智能化的 SPC 系统,但离真正运用还有一定距离,主要表现在现场经验不足,判断规则甚至方法本身还不完善。当然,将单变量统计过程控制或多变量统计过程控制与人工智能的一些方法,如专家系统、模糊系统、神经元网络等相结合,可以有效地将统计分析结果与过程运行实况紧密结合,做到及时有效地诊断过程中存在的问题,并诊断出质量改进的措施和方法。

在过程统计控制图的异常判断准则方面,北京理工大学的郭彦兰等总结了统计控制图现有准则的六大类型,并分析了现有准则存在的问题,给出了异常判断的三个扩充原则。另外,1982 年张公绪教授首创的两种质量诊断理论,使得统计过程控制(SPC)阶段上升到统计过程控制与诊断(Statistical Process Control and Diagnosis,SPCD)阶段,其后十多年张公绪教授又与其学生孙静等先后提出了两种质量多元逐步诊断理论、两种工序能力指数诊断理论等,使得多工序、多指标系统的多元诊断问题大为简化。因此,结合智能技术的变量统计过程控制也是目前和未来研究的一大热点及趋势。

1.3.3 生命周期的质量管理发展

产品生命周期(Product Lifecycle,PL)的概念最早出现在经济管理领域,是由Dean 和 Levirt 提出的,其目的是研究产品的市场战略。随着并行工程(Concurrent Engineering,CE)的提出,产品生命周期的概念首次从经济管理领域扩展到了工程领域,产品生命周期的范围从市场阶段扩展到了研制阶段,真正覆盖了从产品需求分析、概念设计、详细设计、制造、销售、售后服务,直到产品报废回收全过程。

德国 SAP 系统中包含了产品生命周期管理(Product Lifecycle Management,PLM)功能,它基于工作流把人、过程和信息有效地集成在一起,作用于产品生命周期,支持与产品相关的协作研发、管理和分销等实施业务的解决方案。浙江大学的邓军研究了面向产品生命周期的全面质量管理系统,从可视化建模的角度对产品、指令、资源信息及知识进行有效集成。北京大学黄涛通过建立动态规划模型描述垄断者对价格和质量的同时决定,得出垄断者的最优选择会使产品生命周期中存在质量波动现象,维持不变的价格和质量只是一种不稳定的均衡,并解释了离散模型中生命周期的尾端质量呈下降趋势的现象。西安交通大学的商建东等提出了质量驱动的基于功能特征的产品设计质量模糊评价及生命周期方案决策模型。

综合言之,国内外众多研究人员从供应链(Supply Chain,SC)、虚拟企业(Virtual Enterprise,VE)、扩展企业、敏捷制造(Agile Manufacturing,AM)等方面分析了质量管理的内容和形式,但是很少从产品生命周期的整体角度考虑质量。因此,以产品生命周期为主线进行经营管理已逐渐成为现代企业经营方向,围绕产品生命周期的质量管理技术研究正成为当今的热点。

1.4　现代质量管理的新发展

随着经济的发展和社会的进步,质量概念从以克劳士比为代表的"符合标准"

到以朱兰博士为代表的"适用性",再到全面质量管理的"用户满意"。进入 21 世纪,质量管理在向深度和广度进军,在全球范围内,质量管理的理论和实践已经突破了产品质量和企业内部管理的范畴,质量管理同企业的价值观、战略、经营结果等紧密联系在一起,即向质量经营发展,质量经营相对质量管理来讲,是质量管理理念和内涵的提升。

同时,随着计算机技术和信息技术的迅猛发展及其在企业生产和管理中的广泛应用,将信息技术应用到质量形成的全过程中,加快了质量信息的传递和处理速度,提供了快速处理质量数据的有效方法,丰富了质量管理理论,也进一步推动了质量管理的发展,如计算机辅助质量管理 CAQ(Computer Aided Quality)、计算机集成质量信息系统 CIQIS(Computer Integrated Quality Information System)以及 CIMS 环境下的质量信息系统 QIS(Quality Information System)等。

现代生产环境下,质量概念进一步扩大,内容包含设计、采购、制造、销售、使用、报废、回收等生命周期内的诸多质量活动。质量管理以及质量保证不再仅仅是一个企业的事,而是产品质量链上所有环节、过程与企业的事。因此,需要探索企业运营管理与质量管理的系统集成,寻求供应链管理和动态联盟中的质量保证措施,追求过程管理敏捷化,努力实现合作伙伴间质量管理的无缝对接。

随着社会的发展和技术的进步,质量管理在不断完善,人们对质量管理的认识也在不断完善和深化,其表现在以下几点。

(1)质量管理的核心从事后检查与纠正向事前预防与控制转变。现代质量管理认为,质量是制造出来的,而不是检测出来的。同时,质量管理与决策所涉及的质量信息不仅仅是历史数据,还包括企业有关质量控制的信息。

(2)质量管理向集成化方面发展。涵盖产品生命周期全过程的质量管理须打破传统的格局,将企业生产和质量管理活动结合起来,形成一个整体,实现产品质量的全过程控制和质量信息的全企业共享与利用。为了便于质量过程的集成化管理,企业的工作流、物料流、信息流也朝着集成化的方向发展。

(3)质量管理向智能化、网络化的方向发展。信息技术和网络技术不断被应用到质量管理活动中,使质量管理突破了空间和时间的限制,信息处理能力不断增强,大大提高了企业质量管理的水平。

② 现代质量管理理论基础

质量管理先后经历了质量检验、统计质量控制和全面质量管理等阶段,在其发展演变过程中,陆续提出了许多新的质量理论、标准、方法和工具,如全面质量管理思想、质量功能展开及质量屋工具、统计过程质量控制、ISO质量管理体系和六西格玛理论等。认识和理解这些理论方法和质量分析工具,有助于把握质量管理研究前沿,理清实施质量工程的脉络,有助于企业更好地实施质量管理,提高质量水平。

2.1 全面质量管理

全面质量管理(Total Quality Management,TQM)就是以质量为中心,全体员工和部门积极参与,综合运用管理技术、专业技术和科学方法,建立起产品的研究、设计、生产和服务等全过程的质量管理体系,从而有效地利用各种资源,以最经济的手段生产出客户满意的产品的管理活动。其特征可以用"三全一多"概括:

(1)全企业的质量管理

也就是说,要求企业的各个管理层都有明确的、不同侧重点的质量管理活动内容。企业要从组织上、制度上保证企业长期稳定生产出符合规定要求、满足客户需要的产品,应该强调部门的组织协调,建立健全质量管理体系,使各项管理活动成为一个有效整体。用一句话概括就是要"以质量为中心,领导重视,组织落实,体系完善"。

(2)全员的质量管理

质量不再是少数专家和质量检验部门的事情,而发展为持久、广泛的群众性的质量管理活动。企业的任何一名员工都要树立"质量第一,人人有责"的基本指导思想,为质量水平的提高与改进而努力。

（3）全过程的质量管理

质量管理不仅仅局限于生产制造过程,而是延展到产品形成的生命周期过程中,市场调查、产品设计开发、生产制造、销售及售后服务等一切产生质量的各个环节都要实行质量管理。

除了基本生产过程外,还要重视辅助生产过程的质量管理,要做到"预防为主,防检结合",全面提高产品质量。同时,要求做到全过程中各个环节的配合和信息的及时反馈,促进产品质量持续改进,形成良性循环。

（4）多方法的质量管理

要系统地控制一系列影响产品质量的复杂因素,就必须广泛、灵活地运用多种多样的现代管理方法来解决可能出现的质量问题,特别是要重视基于数理统计的过程控制方法应用。要尊重客观事实,用数据说话,广泛利用如检测技术手段、计算机技术和系统工程、先进专业知识等先进的科学管理方法,不断提高企业质量管理水平。

为了取得真正的经济效益,管理必须始于客户需求,终于客户满意,全面质量管理就是为了实现这一目标而指导人、机器、信息的协调活动,其活动范畴可以通过图 2-1 概括。

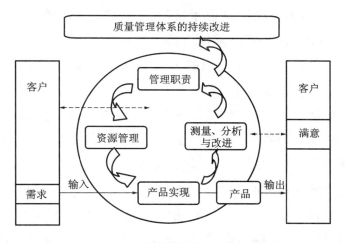

图 2-1 全面质量管理的主要活动范畴

企业产销的国际化、经营的多元化和高新技术,特别是以计算机为中心的信息技术的发展,为企业实施全面质量管理提供了新的先进工具和手段,全面质量管理呈现出如下新特点:

（1）以客户为中心，采用科学的系统的方法满足客户需求

产品质量的决定因素在于是否达到客户满意的程度，并保持客户的持续满意，以获得客户的绝对忠诚。通过质量功能展开及其质量屋工具进行客户需求向技术特征项的映射转化成为当前通常采用的方法。针对客户需求的模糊性以及客户需求和技术特征项的重要度，采用模糊理论进行定性问题定量化描述，这些都是企业贯彻并落实"用户至上"指导思想从而满足客户需求的重要工具。

（2）遵循"预防为主"的"事先控制"方针

预防性质量管理是全面质量管理区别于质量管理初级阶段的特点之一。如新旧七种工具在质量统计中的广泛应用。特别是进入 21 世纪，新的基于计算机的预备、诊断及控制技术得到越来越广泛的重视，使得生产过程的预防性质量管理更为有效，如在产品设计阶段采用故障模式和影响分析（Failure Modes and Effects Analysis，FMEA）及失效树分析（Fault Tree Analysis，FTA）等方法找出产品薄弱环节加以改进，消除隐患。

（3）重视人的价值

实施全面质量管理必须调动人的积极因素，发挥人的主观能动性，改善人和人、人和部门、部门和部门之间的关系，重视员工质量培训，培养员工质量意识。激发员工的自我协调、横向联系和自主管理的能力，最大限度地发挥每个员工的聪明才智，每个员工都为提高产品质量、满足客户需求献计献策。

（4）以信息为核心，是计算机辅助支持的全面质量管理

日本专家石川馨认为，没有明确的方针质量管理就不可能有进展。而及时、正确的质量信息是企业制定质量政策、确定质量目标和措施的依据。因此，全面质量管理离不开质量信息的采集、处理、归类、统计、分析和传递，其处理水平直接影响到质量方针制定的严密性，质量控制方法的可行性和结果的可靠性。信息技术、计算机技术和网络技术的发展为企业实施全面质量管理提供了有力的支持。计算机辅助质量管理（Computer Aided Quality，CAQ）系统在计算机网络和数据库系统的支撑下不仅可以获得正确的质量信息，有效地实施对全过程的质量管理，而且也使得企业的员工能以先进的、高效率的方式参与到全面质量管理的过程中。

总而言之，全面质量管理已经具有公认的世界性影响，这种管理理念仍然在不断发展之中。

2.2　标准化质量管理

自从 1987 年 ISO9000 系列标准问世以来,为了加强质量管理,适应质量竞争的需要,企业家们纷纷采用 ISO9000 系列标准在企业内部建立质量管理体系,申请质量体系认证,很快形成了一个世界性的潮流。

ISO9000 不是指一个标准,而是一族标准的统称,故也称 ISO9000 族标准,它之所以有如此广泛深刻的影响,其根本原因在于各国的采购商和供应商对标准的普遍认同,其目的是最终实现质量管理和质量保证的国际化,使供方能够以最低造价确保长期、稳定地生产出质量好的产品,使需方建立起对供方的信任,同时,将符合 ISO9000 的要求作为贸易活动中建立相互信任的基石。

ISO9000 系列标准的核心就是要求一个组织按照标准建立一套全面的、完整的、详尽的、严格的、能有效运转的有关质量管理和质量保障的规章制度和保障文件,确保影响其产品质量的、技术的、管理的和人员的因素处于受控状态,以经济有效的方式达到产品质量要求。当然,由于各组织的具体情况不同,客观上不存在一个能适用于各个组织的统一的质量体系。因此,ISO9000 族标准不是一个标准化的质量体系,它重点阐述了质量体系中应包含的一些基本要素,这些要素适用于建立和实施有效的内部质量体系。

ISO9000 族标准主要构成部分如图 2-2 所示。

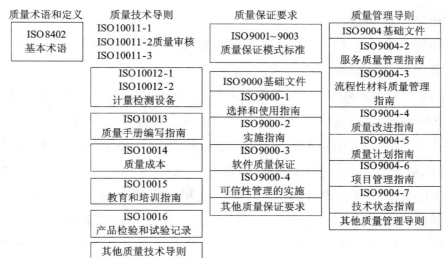

图 2-2　ISO9000 族标准的构成

ISO9000 族标准要求组织应建立文件化的质量体系,即编制与本组织质量体系相适应的质量体系文件。体系文件应在总体上满足标准要求,在具体内容上应反映本组织的特点,要有利于本组织所有成员的理解和贯彻。这就产生两个前提,一个是标准的要求,二是本组织要有健全完善的技术规范。其关键是把标准要求同本部门的现实情况结合起来。采用 ISO9000 族标准并不是要对以前的质量体系进行根本性的变革,而是针对市场竞争的需要,对其进行改进和完善。

ISO9000 族标准有三个特有的要素,即管理评审、内部质量审核以及纠正和预防措施。这三个要素的执行将有助于整个质量体系不断进行自我改进和完善,以适应外部市场环境的需要。任何一个组织内部都会有不合格现象的发生,标准规范了对不合格的预测、纠正、总结等一系列活动,与传统的管理模式相比,它在质量体系自我完善和提高方面能力更强,更具有连续性和法规性。

2.3　质量功能展开

在众多的质量管理和质量保证方法中,质量功能展开(Quality Function Deployment,QFD)是一种客户需求驱动的质量保证与改进方法,是企业成功实施客户满意战略的有利武器。QFD 是由日本质量专家赤尾洋二(AkaoYoji)于 1966 年首次提出的一种面向市场客户需求的产品设计与开发的计划过程,其基本目标是:

(1)确定客户是谁。

(2)确定什么是客户想要的,即客户的需求或期望是什么。

(3)考虑如何满足客户的需求。

因此,QFD 包含两个要素:质量展开(Quality Deployment)和功能展开(Function Deployment)。质量展开即把客户需求部署到设计过程中去,以保证产品的设计、生产与客户需求相协调一致;功能展开即通过处理多学科小组(QFD 小组),把不同的职能部门结合到产品设计和制造的各个阶段中去,促进小组成员的沟通。QFD 代表了传统的设计方式(设计—试制—调整)向现代设计方式(主动的、预防的)的转变,是系统工程思想在产品设计与开发过程的具体应用。1972 年首次应用于三菱重工的神户造船厂,并取得了极大的成功。如今 QFD 得到了国际质量学术界的极大关注,在理论研究不断深入的同时,其应用领域也在不断拓展。

质量屋（Home of Quality，HoQ）是 QFD 基本原理的核心。质量屋的概念是由美国学者 J. R. Hauser 和 DonClausing 在 1998 年提出的，为 QFD 的一系列瀑布式的分解提供了一个基本工具。质量屋要求产品开发过程面向客户需求，它通过一系列相互关联的矩阵或图表，将新产品的开发过程从一系列分离的步骤逐步转换为以客户需求为基础的，从设计到生产一体化的实现过程。

质量屋一般由六个部分组成：客户需求、技术特征项、关系矩阵、竞争分析、客户需求与技术特征项的相关矩阵和技术评估，竞争分析和技术评估又由若干项组成。质量屋的构成形式如图 2-3 所示。客户需求是指客户对产品的期望，是客户的语言，技术特征项是指产品的特征或工程措施，是技术领域的语言，质量屋的意义就在于用关系矩阵建立客户需求与技术实现的映射。

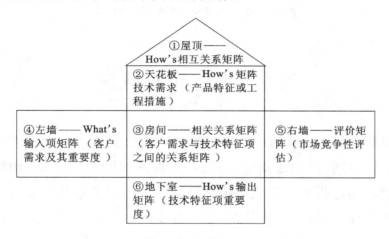

图 2-3 质量屋的构成形式

关于 QFD 分解配置模型的定义主要有三种不同的模式，它们是日本综合 QFD 模式（包括质量展开和功能展开）、美国供应商协会（ASI）的四阶段模式（产品规划阶段、零件配置阶段、工艺规划阶段和工艺/质量控制规划阶段）和劳伦斯成长机会联盟/质量与生产力中心（Goal/QPC）矩阵模式（包括涉及产品开发过程信息的 30 个矩阵）。无论哪一种模式实质上都在阐明一个观点：QFD 的实质就是一种策划、交流和文件说明技术，要求企业在听取客户对产品的意见和需求后，通过合适的方法和措施将客户需求进行量化，采用工程分析的方法一步步将客户需求转变为设计者和生产者所了解的、能把握的技术特征项，并落实到产品的设计与生产的全过程中，从而在最终提供的产品或服务中体现客户需求。其中，ASI 模式是一种四阶段瀑布式展开，如图 2-4 所示，因其结构简洁，成为企业实践的主流模式,也成为业界研究的主攻对象。

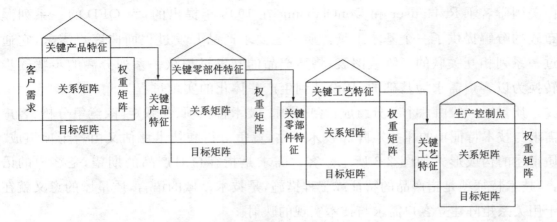

图 2-4　QFD 四阶段瀑布式分解流程图

2.4　统计过程控制

过程是指将各项输入资源(4M1E)按一定要求组合起来,并能转化为输出(或中间)产品及其质量特点的活动,过程的组成框图如图 2-5 所示。由图可知,统计过程控制系统就是过程加上反馈系统。反馈的目的在于收集产品质量特性信息;对信息进行统计加工,判断过程是否正常;对异常过程给出改进和决策行动。

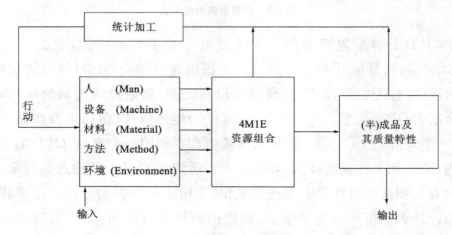

图 2-5　过程的组成框架

统计过程控制 SPC 是指应用统计分析技术对生产过程进行实时监控,科学地区分出生产过程中产品质量的随机波动与异常波动,从而对生产过程的异常趋势提出预警,以便生产管理人员及时采取措施,消除异常,恢复过程的稳定,从而达到提高和控制质量的目的。

SPC 有两个理论基础:一是质量具有变异性,二是这种变异具有统计规律性。由于过程波动具有统计规律性,当过程受控时,过程特性一般服从稳定的随机分布;而失控时,过程分布将发生改变。SPC 正是利用过程波动的统计规律性对过程进行分析控制的。因此,它强调过程在受控和有能力的状态下运行,从而使产品和服务稳定地满足客户的要求。

SPC 强调全过程监控、全系统参与,并且强调用科学方法(主要是统计技术)来保证全过程的预防。SPC 不仅适用于质量控制,更可应用于一切管理过程(如产品设计、市场分析等)。正是由于它的这种全员参与管理质量的思想,实施 SPC 可以帮助企业在质量控制上真正做到"事前预防和控制"。利用 SPC 进行质量控制的主要统计分析方法有:

(1)控制图:用来对过程状态进行监控,并可度量、诊断和改进过程状态,是一种最常见也是应用最广泛的工具。控制图的界限一般是 3σ 水平,对于企业 6σ 高质量水平,可以采用 6σ 水平进行质量控制与诊断。控制图根据质量特性值的类型不同,其形式是多样的,如常规控制图、CUSUM 控制图、EWMA 控制图及针对 6σ 质量水平的优化控制图等。图 2-6 给出了控制图的一般形式及 σ 水平值。

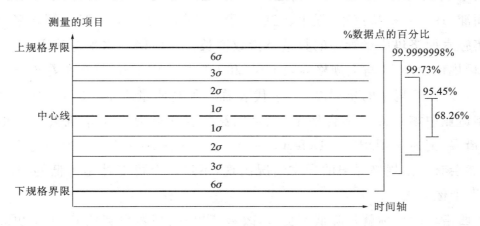

图 2-6　控制图的一般形式

(2)直方图:是以一组无间隔的直条图表现频数分布特征的统计图,能够直观地显示出数据的分布情况。

(3)排列图:是将各个项目产生的影响按最主要到最次要的顺序进行排列的

一种工具。可用其区分影响产品质量的主要、次要或一般问题，找出影响产品质量的主要因素，识别进行质量改进的机会。

（4）散布图：以点的分布反映变量之间相关情况，是用来发现和显示两组数据之间相关关系的类型和程度，或确认其预期关系的一种示图工具。

（5）过程能力分析：是一种研究分析工序的加工能力。通过过程能力分析，观察过程能力是否既达到质量保证的要求，又做到经济合理。通过过程能力分析，往往可以得到影响过程能力的种种因素，为采取措施提高过程能力奠定基础。

目前，SPC理论已经发展得非常完善，其与计算机技术的结合日益紧密，在企业内的应用范围、程度也已经非常广泛、深入。出现了很多具有代表性的SPC过程分析软件，如Minitab、SPSS等，这些软件功能强大，辅助决策效果明显，既体现全面质量管理思想，又与计算机网络技术紧密结合，可扩展性和灵活性越来越高。

2.5　六西格玛质量管理

六西格玛（6σ）质量管理的先驱是摩托罗拉公司，作为一项战略活动，它始于1987年。之后，如IBM（1989），柯达（1993），通用电气（1995），西门子、索尼、东芝和惠而浦（1997），福特汽车、强生、三星电子、飞利浦、诺基亚（1999）等著名的跨国公司实施六西格玛质量管理的数量呈指数增长。六西格玛水平意味着，以σ为单位，度量规格中心M与上规格界限USL和下规格界限LSL都存在着6个σ。3.4×10^{-6}是六西格玛中的重要数字，它代表着一种高质量水平。3.4×10^{-6}既可以描述制造业中零部件的不合格率，也可以泛指在100万个出错机会中只出现了3.4个错误，记为3.4DPMO（Defects per million opportunities）。即使是高质量水平，仍然会有超出规格界限的异常情况出现，不过这个可能性是极低的，只有2×10^{-9}，即十亿分之二。

六西格玛的目标就是降低不良率，改善产出，提高客户满意度，追求更高的净盈利。六西格玛最重要的理论就是DMAIC模型（Define，Measure，Analyze，Improve，Control）。

（1）界定（Define）阶段：确定核心流程和关键客户，站在客户的立场，找出"质量关键要素"。

（2）测量（Measure）阶段：收集数据，确认问题和机会并进行量化，然后梳理数据，为查找原因提供线索。

（3）分析（Analyze）阶段：运用统计分析和多种工具及手段，探究问题发生的根本原因。

（4）改善（Improve）阶段：找出最佳解决方案，然后拟定行动计划，确认执行。这个步骤须不断测试，看看改善方案是否真能发挥效用，减少错误。

（5）控制（Control）阶段：确保所做的改善能够持续下去，而且测量不能中断，才能避免错误再度发生。

因此，六西格玛的核心理念就是以客户为关注中心；强调基于数据和事实驱动的管理方法；聚焦于流程的改进；是一种预防性管理；加强合作无界限；追求完美，容忍失败。

③ 面向客户需求的质量管理

获取客户需求并使得客户持续满意是市场营销中的重要概念。科学技术的不断进步和产品供应市场的日益国际化,为客户提供了时间、成本、质量和服务等方面更大的选择空间。因此,企业首先须强化客户意识,在实际工作中要体现客户至上的经营管理理念,提倡换位意识,倡导员工从客户角度看待质量问题、解决质量问题;其次须识别客户的需要,把握客户的真正需要是什么,不仅仅要做定性的分析,还要定量分析,要防止出现质量不足和质量过剩情况;最后就是要满足客户需求,这体现在产品实现的一系列过程中。如通过产品的设计与改进反映客户的需求;通过生产制造达到设计的要求;通过质量检验确保产品达到设计标准;通过包装、存储、交付来保持产品的质量;通过资源管理提供客户所需要的资源等,其中任何过程出现问题都可能会无法满足客户需求。

本章主要论述 QFD 的两个主要阶段:

(1)获取客户需求阶段:全面而准确地确定客户需求是进行质量功能展开方法的前提。因此,首先就是要求企业通过各种手段获取各方面客户的需求和期望,包括明确表述的和不明确表述的,以及正面的(用户所期望的)和反面的(用户所反感的);在获取相关的客户需求信息后,须利用科学的方法对其进行认真分析,进行总结、整理和分类,防止遗漏和误解,并对这些需求的理解达成一致,得到全面准确的客户需求,确定客户需求的重要程度。

(2)QFD 分解阶段:在客户需求项最终确定之后,企业应该在经济和技术条件允许的条件下,确定为满足客户需求在产品及其相关过程中所应跟踪和控制的关键因素,及应采用的关键技术或措施,通过质量屋工具完成客户需求向技术特征项的映射关系研究,并判定出技术特征项的权重,从而更好地进行质量控制。

3.1 客户需求及其获取方法

客户需求(包括潜在需求)是指客户对想要获得的产品在功能、外观、性能、价格设定、售后服务等方面以及整个客户接触互动过程中的期望。满足客户需求是企业进行产品设计与制造的目的,也是企业在激烈的市场竞争中得以生存和发展的前提。客户的个性化需求,已经成为企业开展各项生产经营活动的出发点和原始驱动力。客户需求由于受到多方面因素的影响,具有多样性、多变性、隐蔽性、复杂性等特点,同时由于客户所用的语言与反映产品特征的工程语言不同,前者的表达是定性而模糊的,而后者则是需要量化和准确的,这就使得企业相关技术人员在选择实现手段的时候容易出现偏差,从而造成不必要的失败。因此,如何准确和全面地获取客户需求,并将其准确地转换为相应的技术特征项指标,是进行客户需求驱动产品开发与制造的关键前提。

3.1.1 客户需求的类型

谁是客户?概括地说任何可能接受我们的产品和服务的个人或组织都是客户。一般而言,产品或服务共有三种类型的目标客户:

● 最终客户,指产品的最终使用者;

● 中间客户,如批发商、零售商等间接客户;

● 内部客户,指企业范围内的与产品有关的部门和人员,如企业的股东、管理员和雇员等。

当然,目前还有一种研究把竞争对手也纳入客户的范畴,这样有助于企业提高产品竞争力。QFD的客户需求分析指的是最终客户,即直接消费企业提供的产品和服务的人。

在识别谁是企业客户的基础上,更令人关心的是这些客户真实的想法是什么,即他们对产品和服务的期望是什么,显然只有提供的产品和服务达到甚至超越了客户的期望,才能让他们真正地满意。但是客户对产品满足其需求的期望和满意程度是有差别的。

日本质量专家卡诺(Noritaki Kano)博士把质量依照客户的感受及满足客户

需求的程度分成三种：理所当然质量（基本型需求）、期望质量（期望型需求）和魅力质量（兴奋型需求），如图 3-1 所示。

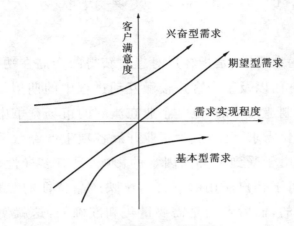

图 3-1 客户需求卡诺模型

卡诺模型表明，客户对任何产品或服务都有基本的质量要求，如果产品连这些基本功能都达不到，客户是不可能满意的，就如电视必须能有画面，LED 灯管点灯必须能亮一样。同时，即使产品的这些基本功能都可以实现，客户也未必就满意，因为客户认为这些都是产品必须具备的性能。企业在进行市场调研和分析时，一般是不会提及客户的基本型需求的。因此，"基本型需求"曲线位于横轴的下面，客户满意度是负值，这意味着如果产品仅能保证客户的基本型需求，客户是不会买账的。

"期望型需求"是条过原点的直线，代表着客户对产品的那些比较明确的要求，如电视具有价格优势、手机辐射小、LED 灯节能效果好等。如果这些要求没有得到满足，也就是说企业提供的产品如果没有"亮点"，客户也会不满意的，而且客户的满意度会随着期望的被满足程度而产生相应变化。显然，期望被满足得越多，客户的满意度就越高。因此，产品的市场调研，其重点就是客户的期望型需求。

"兴奋型需求"曲线位于横轴的上方，也在客户的期望之上。所谓的令人兴奋，就是超越了客户期望的水平，是客户意想不到的一些产品特征或其他方面，例如产品购买过程中，客户因幸运抽奖而免单或获得其他折扣，或产品引进一种以前没有见过甚至没考虑过的新技术等。这类需求如果没有满足，客户是不会不满意的，因为客户本身就没有想到这些需求，但是，如果提供了这些需求，客户会十分满意。

　　当然,基本型需求、期望型需求和兴奋型需求并不是一成不变的,今天的兴奋型需求明天就可能只是基本型需求,因此,市场竞争的压力促使企业不断理解客户的需求,不断满足并超越客户日益增长的期望。

3.1.2　产品生命周期阶段的客户需求

　　客户需求贯穿产品的整个生命周期,从产品的市场分析、开发与设计、制造检验装配到售后服务和回收各个环节都有客户的参与。结合客户的特点以及产品生命周期阶段的划分,从客户对产品的关注、选择、购买、使用及维护和报废五个阶段论述客户需求的内容。

　　(1)关注阶段

　　客户只是想要某个产品,这时外部因素会影响客户的决策,如朋友、同学、同事和媒体的推荐等,他们会综合考虑并从多个侧面去咨询和讨论产品,此时,客户还将关注企业服务品牌如何。这时的客户实质意义上只是潜在客户,因此关注阶段客户需求分析应通过大量的市场和客户调研,了解并掌握客户的类型及层次,客户是如何了解到产品的,客户内心最真切的想法是什么等。

　　企业需要为这些已经存在或潜在的客户建立较详细的客户档案信息(客户姓名、联系方式、生日、职业状况、经济状况、个人喜好等),注重客户资源的管理,及时与客户保持沟通,通过多种渠道获取客户对产品的期望型需求。

　　(2)选择阶段

　　经过对产品的关注,客户会对产品的性能等因素进行选择,包括产品是否提供了他期望的性能特征,还会对质量、可信度和服务支持进行评估选择等。选择阶段,客户需求分析的重点是提供同类竞争性产品的分析报告,促使客户下决心购买本企业的产品。当然,这种分析报告应该是基于事实的,不能虚假扭曲。此阶段需求分析的内容包括本产品的竞争性优势,客户选购本产品的若干理由,当然,内容还应该包括客户未选购本产品的原因,只有通过这样的分析并改进不足才能更好地提供令客户满意的产品,同时,对产品的广告和宣传会更有针对性。

　　(3)购买阶段

　　通常情况下客户选中合适产品后就进入了购买阶段,客户肯定会对产品的功能、价格、质量(性能)和外观等进行再次确认(这种确认会是多次),同时客户还会关注该产品可能存在的促销内容(这部分应该归属于兴奋型需求),在购买时,客户还会关心支付方式、送货方式、安装调试等以及出现问题后的处理方式(即售后服务方式)等。因此,购买阶段应重点研究客户更喜欢以何种方式去购买产品以及吸引他的真正原因是什么。需求分析的内容包括客户对产品的最终功能需求、价格需求、质量(性能)需求、外观需求,以及可能存在的增值性需求等,同时,还包括产品交付过程中的权责需求。

(4)使用及维护阶段

产品在按要求正确送达客户后,客户必然要充分利用该产品的使用价值。在使用过程中,客户需求分析的重点是产品的可靠性和安全性等问题。生命周期循环是自然界的规律,产品也是如此,在使用过程中出现了故障时,客户关注的是该产品的可维护性问题,这时候客户需求分析就要收集产品故障的症状及原因以期对产品改进,同时要收集客户对产品的抱怨以及问题的解决程度,从一个侧面讲,产品的售后服务水平甚至比产品本身更重要;另外,该阶段内容还包括产品的技术支持和产品升级等需求分析。

(5)报废阶段

产品技术更新速度快,产品淘汰率高,环保要求高。产品因为使用价值的损失就进入了报废阶段,产品报废阶段的客户需求是产品是否有回收点,回收过程是否便捷,回收后企业对产品的处置方式,以及企业可能存在的补偿措施等;还有一部分产品本身具有可再用性(或部分再用性)特征,客户会关注产品剩余价值的评估及其兑现程度。

3.1.3 客户需求的获取方法

传统的客户需求获取方法主要有两种,一是询问调查法,另一种是观察调查法。这些方法是通过与客户的直接或间接接触,主要采用问卷调查、客户访谈等方式来获得信息。由于简单易行该方法在很多企业仍然得到很好的应用。采用这种信息获取方法时,通常企业总是要求被调查对象尽可能详细、全面和准确地表达自己的需求,而且对于不同层次的客户,调查的要求也存在一定的差异性。因此,首先需要企业做好充分的准备,要认真选择被调查的对象,收集有关业务资料和相关背景资料,基本上都是企业首先列好一些专题,甚至给出备选答案,让客户去进行选择,对客户而言这是一种被动的参与方式。

随着信息和网络技术的发展,特别是电子商务和客户关系管理系统的兴起,集中汇集客户信息的 Web 源具有客户主动性、内容广泛性、形式多样性、响应及时性和交互实时性等特点,已经成为获取和分析客户需求的主要信息源,是把握市场走向的重要渠道,其相关的理论方法和应用的研究日益成为学术界与工业界关注的重点,比如说网站论坛就是最典型和实用的信息源之一。

通过上述分析,由于基于 Web 的应用系统具有分布式、动态、交互、易于图形化和易于导航等特点,而且其信息交流是双向的,这样便极大地扩展了信息资源开发和其利用的深度和广度。目前有着普遍应用的客户关系管理 CRM 系统,就是获取和管理客户信息的有效手段之一,其目标是借助信息基础设施改善与客户的沟通,通过正确的渠道,以正确的时间,向正确的客户提供正确的内容(产品和价格),从而增加企业的商机。

本章所建立的客户需求获取方式采用 J2EE 架构设计,即 Struts 2.0+Spring 2.0+Hibernate 3.0,数据库为 MySQL 5.0,应用服务器为 Tomcat 5.0,开发工具为 Eclipse 3.0。基于 Web 的 CRM 中业务流程和实现技术层次模型的映射关系如图 3-2 所示,主要分为 5 层。

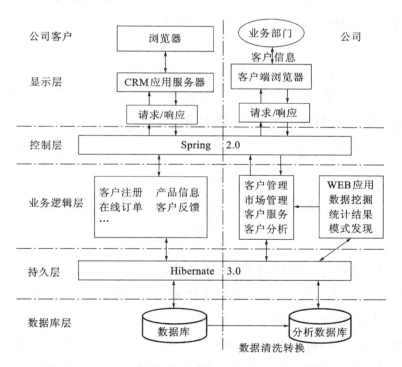

图 3-2 基于 Web 的 CRM 中业务流程和实现技术层次模型的映射关系

(1)数据库层:存放 CRM 系统的应用数据,由于客户数据的多样性和随机性,因此这些数据须经过预处理。

（2）持久层：所谓持久层是指将应用程序中的数据长久保存下来，即使掉电，数据依然存在。在 CRM 中，数据的持久化也就意味着将内存中的客户相关信息保存到磁盘上加以"固化"。目前，持久化的实现过程大多数是通过各种关系型数据库来实现的。这里，我们采用免费的 MySQL 5.0，节省企业开发成本。持久层是采用开源框架 Hibernate 3.0 实现的。其灵活快速的开发策略，得到了开源社区技术人员的广泛推崇，并逐渐发展成为 Java 持久层事实上的标准。

（3）业务逻辑层：通过持久层的封装，业务逻辑层只须考虑具体的 CRM 功能实现问题，通过持久层提供的接口，实现 CRM 的具体业务逻辑。

（4）控制层：控制层采用 Spirng 2.0 框架来实现。在这里使用 Spring 2.0 主要是基于 Spring 2.0 框架整合 Struts 2.0 和 Hibernate 3.0，大大提高了开发效率。显示层的所有请求首先由 Spirng 框架获得，由其决定将请求交由哪个业务模块处理。

（5）显示层：该层采用 Struts 2.0 技术，并大量使用 JSTL（Java Standard Tag Library）标签，简化显示层的开发。客户可以通过该层向企业提交相关请求并获得相应的响应。

另外，通过对技术发展规律和消费趋势进行预测，从已有产品内部分析入手，以技术推动的方式获取客户需求，也逐渐成为当前的一个新的研究热点。但总的说来，目前客户需求获取的方法主要还是集中在传统的问卷调查以及通过 CRM 的基于 Web 技术获取方式。

3.2　基于模糊聚类的客户需求分析

客户对产品需求的表述通常具有模糊性，其根源在于：一是度量尺度的模糊性，尤其是以客户的感性认识为主要判断依据时；二是认识对象群体的模糊性，当对象样本远远达不到统计规律要求的容量时，样本的全体就具有群体型模糊性。利用模糊理论中的模糊聚类分析方法可以实现客户需求的层次化结构，将客户需求进行量化评估，便于将客户需求的表述进行规范化，既可以做到对客户需求有效的组织和管理，又不会造成客户需求信息的丢失和失真，能做到科学有效地界定客户需求之间的相似程度及其层属关系。

3.2.1 模糊聚类基本原理

模糊聚类分析的数学基础是模糊集合论，1965 年由美国学者扎德(L. A. Za-deh)所创立。聚类(Clustering)是把有形或抽象的对象归类到类似对象类别的过程，聚类分析就是在不存在一个事前分类的情况下，按照一定的标准进行事物分类的数学方法。它的职能是建立一种分类方法，将一批样本或变量，按照它们在性质上的亲疏程度进行分类。

首先将所研究的 n 个样本(或变量)自成为一类，计算它们之间的相似程度或距离(即亲疏程度)，选择最相似的或距离最小的两类归为新的一类；合并后重新计算类与类之间的距离，直到所有样本(或变量)都划为一个类为止。并把这个过程做出一张聚类谱系图，能直观、明确、清楚地表现其数值分类的结果，这样的聚类分析所得到的结果比传统的分类方法更细致、全面和合理。

用模糊聚类方法整理客户需求的基本思想是，从若干个客户的多个需求特性中，找出能度量客户需求特征直接相似程度的统计量，构成一个对称的相似矩阵，在此基础上进一步寻找各个客户需求之间或客户需求组合之间的相似程度，按相似程度的大小，把客户需求逐一归类。关系密切的聚集到一个小的分类单位，关系疏远的聚集到一个大的分类单位，直到所有客户需求都聚集完毕，形成一个亲疏关系谱系图，用以更自然和直观地显示客户需求之间的差异和联系。

3.2.2 模糊聚类分析过程

步骤 1 数据的初始化。

模糊聚类分析，确定要进行分类的对象(样本)，并考虑样本的各种特性指标，然后进行合理的分类。设初选有 n 个客户需求的总体(即样本)：$U = \{u_1, u_2, \cdots, u_n\}$，其中 u_i 为初选集中第 i 个客户需求。对于每一个客户需求都具有 m 个特征项，设第 i 个客户需求特征值表示为 $u_i = \{u_{i1}, u_{i2}, \cdots, u_{im}\}$。为了计算方便可以用矩阵 $U_{n \times m}$ 表示：

$$U_{n \times m} = \begin{bmatrix} u_1 \\ u_2 \\ \vdots \\ u_n \end{bmatrix} = \begin{bmatrix} u_{11} & u_{12} & \cdots & u_{1m} \\ u_{21} & u_{22} & \cdots & u_{2m} \\ \vdots & \vdots & & \vdots \\ u_{n1} & u_{n2} & \cdots & u_{nm} \end{bmatrix}$$

其中 $u_{ij}(1 \leqslant i \leqslant n, 1 \leqslant j \leqslant m)$ 表示第 i 个样本（客户需求）的第 j 个特性指标值。

步骤 2　数据的规格化。

由于客户需求的 m 个特性指标中，各个变量单位和量级可能是不一样的，有些变量的绝对值大一些，有些变量的绝对值小一些。因此，直接用原始数据进行计算就会突出那些绝对值大的变量而压低那些绝对值小的变量。因此，在进行聚类分析之前，必须进行规格化（或标准化）处理。目前主要有 6 种数据规格化方法，即标准差规格化、极大值规格化、极差规格化、均值规格化、中心规格化和对数规格化，其中均值规格化既能达到去除量纲的目的，同时也保持了各指标原有的分辨能力，是比较理想的方法。此处采用均值规格化作为聚类分析算法中的数据标准化方法，其计算公式如下：

$$u'_{ij} = \frac{u_{ij}}{s_j}, (1 \leqslant i \leqslant n, 1 \leqslant j \leqslant m)$$

$$s_j = \sqrt{\frac{1}{n-1} \sum_{i=1}^{n} (u_{ij} - \overline{u_j})^2} \tag{3-1}$$

$$\overline{u_j} = \frac{1}{n} \sum_{i=1}^{n} u_{ij}$$

式中，u_{ij} 为原始数据；$\overline{u_j}$ 为原始数据的平均值；s_j 为标准差；u'_{ij} 为标准化（规格化）后的数据。

步骤 3　数据标定（建立模糊相似矩阵）。

u_i 和 u_j 之间在所含内容上通常存在三种关系（假设 u_i 和 u_j 均已规格化）：

● 包容关系（即其中一个包含的内容是另一个所包含内容的子集）；

● 交叉关系（即两者所包含内容之间存在交集）；

● 独立关系（即两者之间所包含的内容毫不相关）。

因此，在存在包容关系的一对客户需求中，可以去掉被包容的客户需求；存在交叉关系的一对客户需求中，在去掉交集部分后，可构建一个新的客户需求；对于独立关系的客户需求不做处理，这样就实现了客户需求的冗余处理。

建立模糊相似矩阵，就是确定 u_i 与 u_j 相似系数 $r_{ij} = R(u_i, u_j)$，且规定 $0 \leqslant r_{ij} \leqslant 1 (i, j = 1, 2, \cdots, n)$，$r_{ij}$ 越近似于 1 表示 u_i 与 u_j 关系越密切；$r_{ij} = 0$ 表示两个客户需求（样本）之间毫不相似；$r_{ij} = 1$ 表示两个客户需求完全相似；很显然，当 $i = j$ 时，有 $r_{ij} = 1$（该结论定义为自反性），且 $r_{ij} = r_{ji}$（该结论定义为对称性）。

确定 r_{ij} 的工作通常称为标定,大致有三类计算方法:相似系数法(如夹角余弦法、相关系数法和指数相似系数法等),贴近度法(最大最小法、算术平均最小法和几何平均最小法等),距离法。利用距离法进行计算相对比较普遍和直观,距离越远(即值越大),则表示样本之间的相似程度越小。在实际应用中,常见的是闵可夫斯基(Minkovski)公式[式(3-2)]:

$$d_{ij}(q) = (\sum_{k=1}^{m} |u_{ik} - u_{jk}|^q)^{1/q}, q > 0 \tag{3-2}$$

当 $q=1$ 时, $d_{ij}(1)$ 称为绝对值距离法,当 $q=2$ 时, $d_{ij}(2)$ 称为欧式距离法,且有式(3-3):

$$d_{ij}(2) = \sqrt{\sum_{k=1}^{m} (u_{ik} - u_{jk})^2} \tag{3-3}$$

则相似系数表示为式(3-4):

$$r_{ij} = 1 - c \cdot d_{ij}(2) = 1 - c \sqrt{\sum_{k=1}^{m} (u_{ik} - u_{jk})^2} \tag{3-4}$$

c 为修正系数,应该选择合适的常数,其目的在于使计算结果 $r_{ij} \in [0,1]$。通过总结前人的经验比较,其中欧式距离法的效果相对理想,所以选用欧式距离法作为计算相似系数的方法。基于此,所得到的相似矩阵:

$$\boldsymbol{R}_{n \times n} = \begin{bmatrix} r_{11} & r_{12} & \cdots & r_{1n} \\ r_{21} & r_{22} & \cdots & r_{2n} \\ \vdots & \vdots & & \vdots \\ r_{n1} & r_{n2} & \cdots & r_{mn} \end{bmatrix} = \begin{bmatrix} 1 & & & \\ r_{21} & 1 & & \\ \cdots & \cdots & \cdots & \\ r_{n1} & r_{n2} & \cdots & 1 \end{bmatrix}$$

步骤4 求解传递闭包(多次扎德运算,求出模糊等价矩阵)。

由模糊数学命题可知,如果 $\boldsymbol{R}$ 是模糊相似矩阵,则对于任意自然数 k, $\boldsymbol{R}^k$ 也是模糊相似矩阵(其方法可以利用数学归纳法进行证明),且 $\boldsymbol{R} \leqslant \boldsymbol{R}^2 \leqslant \cdots \leqslant \boldsymbol{R}^k$(该结论定义为传递性),把同时满足上述三个条件即自反性、对称性和传递性的模糊矩阵称为模糊等价矩阵,记为 $\boldsymbol{R}^*$。

模糊数学理论证明只有模糊等价矩阵才可以确定一个模糊分类。通过步骤3标定所得到的模糊相似关系矩阵 $\boldsymbol{R}_{n \times n}$ 实质上只是模糊相容矩阵,虽然模糊相似关系矩阵中任一元素 r_{ij} 反映了不同客户需求的相似程度,却未必是模糊等价矩阵,因此是不能以此矩阵作为第二级客户需求的分类依据的。通过模糊相容矩阵 $\boldsymbol{R}_{n \times n}$ 构造模糊等价矩阵,数学上称之为求传递闭包。

由模糊数学命题可以证明,一定存在一个自然数 $k \leqslant n-1$,使得

$$\boldsymbol{R}^* = \boldsymbol{R}^k = \underbrace{\boldsymbol{R} \circ \boldsymbol{R} \circ \cdots \circ \boldsymbol{R}}_{k 次}$$

为包含 $\boldsymbol{R}$ 的最小模糊等价矩阵, $\boldsymbol{R}^*$ 称为 $\boldsymbol{R}$ 的最小模糊等价矩阵[式中"∘"为扎德算子(∧,∨),∧ 为取小运算,∨ 为取大运算]。

在实际计算过程中,利用平方自合成法,计算

$$\boldsymbol{R} \circ \boldsymbol{R} = \boldsymbol{R}^2, \boldsymbol{R}^2 \circ \boldsymbol{R}^2 = \boldsymbol{R}^4, \cdots, \boldsymbol{R}^{2^{k-1}} \circ \boldsymbol{R}^{2^{k-1}} = \boldsymbol{R}^{2^k} \cdots$$

这里 $\boldsymbol{R}^2 = \boldsymbol{R} \circ \boldsymbol{R}$ 是一个新模糊矩阵,它的第 i 行 j 列元素 r_{ij}^* 定义为:

$$r_{ij}^* = \bigvee_{1 \leqslant a \leqslant n} (r_{ia} \wedge r_{aj}) \tag{3-5}$$

然后再计算 $(\boldsymbol{R} \circ \boldsymbol{R}) \circ (\boldsymbol{R} \circ \boldsymbol{R})$,这种过程继续进行直到相邻两次所得到的平方自合成矩阵完全相等为止,即若有 k_0,使得 $\boldsymbol{R}^{2^{k_0-1}} = \boldsymbol{R}^{2^{k_0}}$,则 $\boldsymbol{R}^* = \boldsymbol{R}^{2^{k_0}}$,所以利用平方自合成法,至多只须计算 $[\log_2 n] + 1$ 次便可以得到 $\boldsymbol{R}$ 的传递闭包 $\boldsymbol{R}^*$。

步骤 5 动态分类(确定合适的阈值,通过截矩阵获得聚类图)。

当且仅当 $\boldsymbol{R}^*$ 为模糊等价矩阵时,对于任意的阈值 $\lambda \in [0,1]$,定义 $\boldsymbol{R}_\lambda^*$ 为模糊矩阵 $\boldsymbol{R}^*$ 的 λ- 截集矩阵,其中:

$$r_{ij}^*(\lambda) = \begin{cases} 1 & r_{ij} \geqslant \lambda \\ 0 & r_{ij} < \lambda \end{cases}$$

显然, $\boldsymbol{R}_\lambda^*$ 为普通等价关系的布尔矩阵。因此,可以让阈值 λ 由大变到小即从 1 到 0 变化,计算 $\boldsymbol{R}_\lambda^*$,求出对样本 U 的所有划分,就可以形成动态聚类图,借助于该图,可以直观地将研究样本的亲疏关系反映出来。

最佳阈值的确定方法采用 F 统计量确定,其公式为:

$$F = \frac{\sum_{j=1}^{r} l_j \parallel \bar{u}^{(j)} - \bar{u} \parallel^2 / (r-1)}{\sum_{j=1}^{r} \sum_{i=1}^{l_j} \parallel u_i^{(j)} - \bar{u}^{(j)} \parallel^2 / (l-r)} \tag{3-6}$$

式(3-6)中, $\bar{u}$ 为总体样本的中心向量, $\bar{u} = (\bar{u}_1, \bar{u}_2, \cdots, \bar{u}_m)$,其中 $\bar{u}_m$ 为总体样本在第 m 个特征项的平均值; r 为对应 λ 值的分类数,第 j 类的样本个数为 l_j,第 j 类的样本聚类中心向量 $\bar{u}^{(j)} = (\bar{u}_1^{(j)}, \bar{u}_2^{(j)}, \cdots, \bar{u}_m^{(j)})$,其中 $\bar{u}_m^{(j)}$ 为第 j 类 n_j 个样本在第 m 个特征项的平均值,且由式(3-7)、式(3-8):

$$\bar{u}_m^{(j)} = \frac{1}{l_j} \sum_{i=1}^{l_j} u_{im}^{(j)} \tag{3-7}$$

$$\| \bar{u}^{(j)} - \bar{u} \| = \sqrt{\sum_{k=1}^{m} (\bar{u}_k^{(j)} - \bar{u}_k)^2} \tag{3-8}$$

可知 F 值最大时所对应的 λ 为最佳阈值。

3.2.3　分析实例

本实例通过模糊聚类分析法,以光电子企业产品为例,给出产品的低层客户需求用高一级的客户需求进行聚类的实现过程。

（1）数据的初始及规格化

背光源是液晶显示器中最重要的部件之一,它对于液晶显示器的亮度、分辨率、灰度及对比度、功耗乃至显色性等重要性能都有着重要的影响。因此,背光源的性能会直接影响液晶显示器的显像质量。本章以 LED 背光源为例,利用聚类分析法进行客户需求的分解。通过 CRM 客户需求管理系统获取低层客户需求如下：

u_1:消耗能量较同光效的光源减少 80%；

u_2:易实现调光和智能控制,能根据要求调节 LED 光颜色；

u_3:色泽透明、高光泽且无泛白现象；

u_4:不存在屏幕闪烁,不易造成视觉疲劳；

u_5:画面层次分明,颜色绚丽真实；

u_6:散热效果要好；

u_7:材质选择不能含金属汞等有害物质；

u_8:静电保护措施得当；

u_9:重量轻,厚度薄,坚固耐用；

u_{10}:低电压驱动,低电磁辐射,环境适应性强。

企业组织专业技术人员和相关专家从四个特性指标上进行综合分析,所考虑的指标项 $A = \{$亮度,色域广,寿命,节能环保$\}$。

在此,构造一个 4 维向量 (a_1,a_2,a_3,a_4),通过向量表述低层客户需求对高一级客户需求的隶属尺度。a_1 表示上述客户需求对高一级客户需求"亮度"的隶属程度；a_2 表示对"色域广"的隶属程度；a_3 表示对"寿命"的隶属程度；a_4 表示对"节能环保"的隶属程度。其取值为 $a_i \in [0,1]$ 区间,数值越大表示隶属程度越高,越小表示隶属程度越低,其中 1 表示该客户需求完全隶属于该子项,0 表示该需求与此子项无关。

通过德尔菲法即专家评价法，所获得的隶属程度对应矩阵如下：

$$
\boldsymbol{U}_{10\times4} = \begin{bmatrix} u_1 \\ u_2 \\ u_3 \\ u_4 \\ u_5 \\ u_6 \\ u_7 \\ u_8 \\ u_9 \\ u_{10} \end{bmatrix} = \begin{bmatrix} 0.2 & 0.1 & 0.4 & 0.9 \\ 0.5 & 0.8 & 0.2 & 0.4 \\ 0.6 & 0.3 & 0.1 & 0.2 \\ 0.1 & 0.1 & 0.7 & 0.5 \\ 0.7 & 0.6 & 0.1 & 0.3 \\ 0.1 & 0.1 & 0.9 & 0.4 \\ 0.2 & 0.3 & 0.4 & 0.8 \\ 0.5 & 0.4 & 0.3 & 0.5 \\ 0.1 & 0.2 & 0.4 & 0.3 \\ 0.2 & 0.3 & 0.5 & 0.6 \end{bmatrix}
$$

以 u_6（散热效果要好）为例，该客户需求样本特征值向量为 $u_6 = (0.1, 0.1, 0.9, 0.4)$，说明如下：即通过分析和评价，该项客户需求实质可以归属为客户希望背光源产品寿命要长，同时也有部分技术人员或专家将 u_6 归属于产品应该具备一定的节能环保性特点。

（2）用式（3-1）进行数据规格化得到矩阵

$$
\boldsymbol{U}'_{10\times4} = \begin{bmatrix} 0.8696 & 0.4348 & 1.5757 & 4.0294 \\ 2.1741 & 3.4786 & 0.7878 & 1.7908 \\ 2.6089 & 1.3045 & 0.3939 & 0.8954 \\ 0.4348 & 0.4348 & 2.7574 & 2.2385 \\ 3.0437 & 2.6089 & 0.3939 & 1.3431 \\ 0.4348 & 0.4348 & 3.5453 & 1.7908 \\ 0.8696 & 1.3045 & 1.5757 & 3.5817 \\ 2.1741 & 1.7393 & 1.1812 & 2.2385 \\ 0.4348 & 0.8696 & 1.5757 & 1.3431 \\ 0.8696 & 1.3045 & 1.9696 & 2.6862 \end{bmatrix}
$$

（3）标定，即建立模糊相似矩阵

利用欧式距离法式（3-3）计算相关系数。对于给定的矩阵，计算结果比较复杂，可以通过编程的方式（如 MATLAB 5.0）进行求解，以 SPSS 13.0 for Windows 为工具帮助求解，SPSS 即 Statistical Package for the Social Science，是国际上最流行的大型统计软件之一。

其基本过程如下：首先输入上述规格化的数据，通过执行 Analyze －＞ Classify －＞ Hierarchical Cluster 命令，打开了 Hierarchical Cluster Analysis（分层聚类分析）主对话框，如图 3-3 所示，在 Method（方法）对话框中的 Measure（测度）子栏选择距离测度方法"Euclidean Distance"（欧氏距离），并完成其他相关参数的设置，得到表 3-1 所示的距离计算结果。

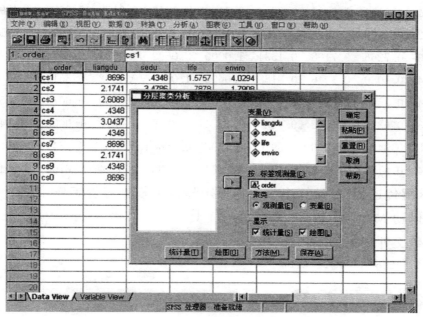

图 3-3 SPSS 13.0 分层聚类分析界面

表 3-1 规格化矩阵欧式距离计算结果

Case	Euclidean Distance									
	1:cs1	2:cs2	3:cs3	4:cs4	5:cs5	6:cs6	7:cs7	8:cs8	9:cs9	10:cs0
1:cs1	.000	4.074	3.873	2.189	4.250	3.013	.978	2.601	2.756	1.648
2:cs2	4.074	.000	2.423	4.046	1.367	4.460	3.203	1.839	3.264	2.937
3:cs3	3.873	2.423	.000	3.588	1.446	4.027	3.411	1.674	2.552	2.952
4:cs4	2.189	4.046	3.588	.000	4.233	.906	2.036	2.685	1.545	1.329
5:cs5	4.250	1.367	1.446	4.233	.000	4.655	3.583	1.713	3.351	3.273
6:cs6	3.013	4.460	4.027	.906	4.655	.000	2.834	3.242	2.066	2.057
7:cs7	.978	3.203	3.411	2.036	3.583	2.834	.000	1.962	2.321	.978
8:cs8	2.601	1.839	1.674	2.685	1.713	3.242	1.962	.000	2.177	1.647
9:cs9	2.756	3.264	2.552	1.545	3.351	2.066	2.321	2.177	.000	1.529
10:cs0	1.648	2.937	2.952	1.329	3.273	2.057	.978	1.647	1.529	.000

利用式(3-4)建立模糊相似矩阵,由表 3-1 可知,最大值为 4.655,最小值为 0,为了使得相似系数 $r_{ij} \in [0,1]$,取修正系数 $c=0.2$,计算后得到的相似矩阵为:

$$R = \begin{bmatrix} 1.0000 & 0.1852 & 0.2254 & 0.5622 & 0.1500 & 0.3974 & 0.8044 & 0.4798 & 0.4488 & 0.6704 \\ 0.1852 & 1.0000 & 0.5154 & 0.1908 & 0.7266 & 0.1080 & 0.3594 & 0.6322 & 0.3472 & 0.4126 \\ 0.2254 & 0.5154 & 1.0000 & 0.2824 & 0.7108 & 0.1946 & 0.3178 & 0.6652 & 0.4896 & 0.4096 \\ 0.5622 & 0.1908 & 0.2824 & 1.0000 & 0.1534 & 0.8188 & 0.5928 & 0.4630 & 0.6910 & 0.7342 \\ 0.1500 & 0.7266 & 0.7108 & 0.1534 & 1.0000 & 0.0690 & 0.2834 & 0.6574 & 0.3298 & 0.3454 \\ 0.3974 & 0.1080 & 0.1946 & 0.8188 & 0.0690 & 1.0000 & 0.4332 & 0.3516 & 0.5868 & 0.5886 \\ 0.8044 & 0.3594 & 0.3178 & 0.5928 & 0.2834 & 0.4332 & 1.0000 & 0.6076 & 0.5358 & 0.8044 \\ 0.4798 & 0.6322 & 0.6652 & 0.4630 & 0.6574 & 0.3516 & 0.6076 & 1.0000 & 0.5646 & 0.6706 \\ 0.4488 & 0.3472 & 0.4896 & 0.6910 & 0.3298 & 0.5868 & 0.5358 & 0.5646 & 1.0000 & 0.6942 \\ 0.6704 & 0.4126 & 0.4096 & 0.7342 & 0.3454 & 0.5886 & 0.8044 & 0.6706 & 0.6942 & 1.0000 \end{bmatrix}$$

(4)求解传递闭包,计算出模糊相似矩阵 **R** 的模糊等价矩阵

这里借助 MATLAB 5.0 矩阵处理工具。

其函数文件程序如下:

```
function r2=myfile(r)
for i=1:10
    for j=1:10
        r2(i,j)=max(min(r(i,:),r(:,j)'));
    end
end
```

将程序文件保持为 ff.m,在命令窗口首先输入矩阵 **R**,然后键入 r2=ff(r),得到的矩阵为:

$$R^* = \begin{bmatrix} 1.0000 & 0.6652 & 0.6652 & 0.7342 & 0.6652 & 0.7342 & 0.8044 & 0.6706 & 0.6942 & 0.8044 \\ 0.6652 & 1.0000 & 0.7108 & 0.6652 & 0.7266 & 0.6652 & 0.6652 & 0.6652 & 0.6652 & 0.6652 \\ 0.6652 & 0.7108 & 1.0000 & 0.6652 & 0.7108 & 0.6652 & 0.6652 & 0.6652 & 0.6652 & 0.6652 \\ 0.7342 & 0.6652 & 0.6652 & 1.0000 & 0.6652 & 0.8188 & 0.7342 & 0.6706 & 0.6942 & 0.7342 \\ 0.6652 & 0.7266 & 0.7108 & 0.6652 & 1.0000 & 0.6652 & 0.6652 & 0.6652 & 0.6652 & 0.6652 \\ 0.7342 & 0.6652 & 0.6652 & 0.8188 & 0.6652 & 1.0000 & 0.7342 & 0.6706 & 0.6942 & 0.7342 \\ 0.8044 & 0.6652 & 0.6652 & 0.7342 & 0.6652 & 0.7342 & 1.0000 & 0.6706 & 0.6942 & 0.8044 \\ 0.6706 & 0.6652 & 0.6652 & 0.6706 & 0.6652 & 0.6706 & 0.6706 & 1.0000 & 0.6706 & 0.6706 \\ 0.6942 & 0.6652 & 0.6652 & 0.6942 & 0.6652 & 0.6942 & 0.6942 & 0.6706 & 1.0000 & 0.6942 \\ 0.8044 & 0.6652 & 0.6652 & 0.7342 & 0.6652 & 0.7342 & 0.8044 & 0.6706 & 0.6942 & 1.0000 \end{bmatrix}$$

因为 $R^2 \neq R$,所以 R^2 不是模糊等价矩阵,继续利用上述方法进行多次扎德运算(本例计算 4 次),即可以得到 $R^{16} = R^8$,于是 $R^* = R^8$ 是样本 U 上的模糊等价矩阵。

(5)作聚类图

要判断某几项(如 i、j、l 项)客户需求是否属于同一聚类,只需将 R_λ^* 中的第 i、j、l 行和第 i、j、l 列交叉处的元素提取出来,构成新的子矩阵,若该矩阵各个元素都为 1,则判断出其属于同一聚类[同样可以通过 MATLAB 程序来实现,其方法是在命令窗口首先输入 a=ones(10,10) * c 和 rc=(r8>=a)即可得到截矩阵,c 为取定的阈值 λ]。

取 $\lambda = 0.75$ 时,10 个客户需求共划分成 $\{1,7,10\}$,$\{4,6\}$,$\{2\}$,$\{3\}$,$\{5\}$,$\{8\}$,$\{9\}$7 类。

取 $\lambda = 0.7$ 时,所得到的截矩阵为 $R_{0.7}^*$,10 个客户需求共划分成 $\{1,4,6,7,10\}$,$\{2,3,5\}$,$\{8\}$,$\{9\}$4 类。

$$
R_{0.7}^* = \begin{bmatrix}
1 & 0 & 0 & 1 & 0 & 1 & 1 & 0 & 0 & 1 \\
0 & 1 & 1 & 0 & 1 & 0 & 0 & 0 & 0 & 0 \\
0 & 1 & 1 & 0 & 1 & 0 & 0 & 0 & 0 & 0 \\
1 & 0 & 0 & 1 & 0 & 1 & 1 & 0 & 0 & 1 \\
0 & 1 & 1 & 0 & 1 & 0 & 0 & 0 & 0 & 0 \\
1 & 0 & 0 & 1 & 0 & 1 & 1 & 0 & 0 & 1 \\
1 & 0 & 0 & 1 & 0 & 1 & 1 & 0 & 0 & 1 \\
0 & 0 & 0 & 0 & 0 & 0 & 0 & 1 & 0 & 0 \\
0 & 0 & 0 & 0 & 0 & 0 & 0 & 0 & 1 & 0 \\
1 & 0 & 0 & 1 & 0 & 1 & 1 & 0 & 0 & 1
\end{bmatrix}
$$

同理可知,取 $\lambda = 0.66$ 时,10 个客户归为 1 类即 $\{1,2,3,4,5,6,7,8,9,10\}$。

最终得到其动态聚类图如图 3-4 所示。

由分类图与原始客户需求内容对比可以看出,基于模糊聚类的客户需求分析方法,在阈值为 0.7 时,分类效果比较好,而且可以看出,LED 背光源客户对产品节能环保的要求是最高的,其次是要求背光源的色域要广,对于寿命和亮度有要求,但不是重点。因此,如果企业在 LED 背光源的产品设计与制造过程中将客户最关注的节能环保和色域广两个主要需求予以实现,就在很大程度上使得产品得到了客户的认可。

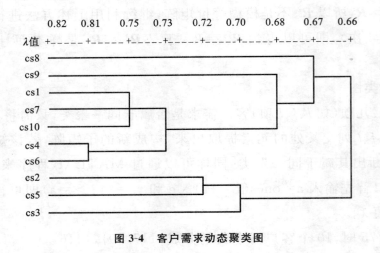

图 3-4　客户需求动态聚类图

3.3　客户需求重要度的确定

3.3.1　客户需求重要度确定的一般方法

不同的客户会对同样的产品提出许多需求和期望,但在产品的设计及制造过程中不可能面面俱到,根据辩证法的理论应该抓住客户主要需求,同时兼顾次要需求,这就需要确定客户需求的重要程度。对客户需求重要程度一般有以下几种确定方法:

(1)经验法

根据以前的经验给出客户需求的重要程度,是最简单也是较为普遍应用的一种方法,在一定程度上能反映实际状况,评价的结果也具有一定的参考性。但是,经验法确定的主观性太强,特别是在事态不断变换发展的过程中,如果仍然采用经验方法,就不能很客观地反映实际情况,难以做到准确而又科学地确定客户需求重要程度值。

(2)客户调查法

市场调查是一种直接向客户听取客户需求重要度的方法。在已经确定客户需求的情况下,向客户重新发放调查表,即直接要求按照一定的数字刻度(如很重要用5,一般用3,不重要用1等)为基准标定,让客户自己给出所选择的客户需求项的重要度值,最终得到的重要度通常是求其得分的平均数,当然,为了保证结果的相对合理性,还应该计算出标准偏差,注意不同客户对同一需求项重要度的分布状态。

客户调查法最大的优点是由客户自己去打分,较真实地反映客户自身的意见表达,具有一定的客观性,但是由于客户自身的理解可能不同,在实际执行过程中难免带有自身的主观性,而且往往容易形成一个不一致的结论,同时增加企业的调研成本。

需要指出的是,客户调查法获取的重要度应该定期进行修正,为此,企业最好能建立数据库,实时把握这种变化。

（3）德尔菲法（专家评价法）

这种方法是传统的客户需求重要度确定方法,即依据专家经验和专业知识,多个专家分别给出对每个客户需求的权重系数,并通过集中和反复评价后,最终确定客户需求的重要性系数。德尔菲法需要若干个有经验的专家进行判断调整来做出评价,具有一定的科学性。但有时由于企业人力资源的限制,专家较少,难以得到满意的结果。另外,一个企业内的专家可能由于企业文化的影响而形成某种一致却不客观的评价结果,造成评价结果失准。

（4）层次分析法

层次分析法（Analytic Hierarchy Process，AHP）是由美国著名运筹学家、匹兹堡大学的萨蒂（T. L. Saaty）教授于 20 世纪 70 年代应用网络系统理论和多目标综合评价方法,提出的一种层次权重决策分析方法。

这种方法的特点是在对复杂决策问题的本质、影响因素及其内在关系等进行深入分析的基础上,按属性的逻辑关系逐层分解,形成一个有序的递阶层次结构,不仅考虑了不确定性因素和主观性因素,而且运用了人的经验、洞察力和直觉,通过人们的比较判断,计算各个决策方案在不同准则及总准则之下的相对重要性量度,通过利用较少的定量信息使决策的思维过程数学化。层次分析法为多目标、多准则或无结构特性的复杂决策问题提供了简便的决策方法。

用层次分析法计算重要度时要求各层的项目数基本上一致,设有 n 项客户需求,对客户需求 i 和 j 进行两两比较,通常采用 1～9 比例标度,如表 3-2。

AHP 中关键的是重要度的计算方法,目前比较流行的有三种方法:和法、根法和特征根法。和法和根法属于计算重要度的近似方法,由于计算方法简单易懂,相对应用较广泛;特征根法即幂法,是通过求解各指标重要度形成的正矩阵的最大特征根与其对应的特征向量来计算重要度值,多用于分析判断矩阵的一致性原理、特征向量的稳定性和灵敏度问题。

表 3-2　AHP 中两两比较值及其意义

两两比较值	意　义
1	双方同等重要
3	前项比后项稍微重要
5	前项比后项重要
7	前项比后项非常重要
9	前项比后项绝对重要
2,4,6,8	用于补充
以上数值的倒数	用于从后项比前项

在利用特征法进行计算时,如果考虑到事物的复杂性以及人的主观评定可能存在的偏差,需要对比较判断矩阵进行一致性检验,判断矩阵是否具有满意的一致性,否则应对判断矩阵进行修正直到矩阵的一致性满足要求。

3.3.2　模糊 AHP 算法在客户需求重要度确定中的应用

传统的 AHP 得到权值矩阵,其构建过程往往没有考虑人的判断的模糊性,是靠管理者的"经验"和"个人能力"来解决的,因此对于专家评判的依赖性很大,在某些情况下就可能出现理论上合理却在现实中不可行或是不可靠的方案。因此用模糊数学的思想建立合理的决策模型来辅助决策,将比传统的逻辑更为有效。而引入模糊算法后的模糊层次分析法可以更好地表示人的判断结果,将各个因素以统一的模糊数表示,从而给出对客户需求更恰当的评价结果。

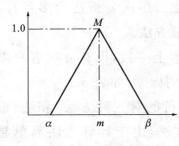

图 3-5　三角形模糊数示意

模糊 AHP 算法的实现,最关键的问题仍是如何得到影响因素的权值。此处采用 1~9 间的整数及其倒数作为标度构造判断矩阵。如果 i、j 两个因素的权重之比不易确定,只知道其变化范围在 p 和 q 之间,最大可能值为 m,这就实现了 AHP 在模糊环境下的扩展。如图 3-5 所示为三角形模糊数示意图。为了运算方便,采用三元组 $M(\alpha, m, \beta)$ 来表示一个模糊数,其中 m 为三角分布顶点的取值,称为模糊数中值,α 和 β 为三角分布的左右端点取值,分别称为模糊数的左跨距和右跨距。

定义 ε 表示判断的模糊度,则 $\varepsilon = \max(m-\alpha, \beta-m)$,$\varepsilon$ 越大表示跨度越大即模糊性越大,一般情况下 ε 取 1。采用表 3-2 的 1~9 比例标度来比较每两项之间的重要度,于是建立了模糊判断矩阵(设有 n 项客户需求):

$$\mathbf{R} = \begin{bmatrix} r_{11} & r_{12} & \cdots & r_{1n} \\ r_{21} & r_{22} & \cdots & r_{2n} \\ \vdots & \vdots & & \vdots \\ r_{n1} & r_{n2} & \cdots & r_{nn} \end{bmatrix}, r_{ij} = \begin{cases} 1 & i = j \\ 1,3,5,7,9 & i \neq j \end{cases}$$

为了计算判断矩阵的一致性,需要对模糊数进行清晰化处理,如式(3-9)所示:

$$M = (4m + \alpha + \beta)/6 \tag{3-9}$$

计算一致性指标 $C.I.$(Consistency Index),其公式如式(3-10)所示:

$$C.I. = \frac{\lambda_{\max} - n}{n - 1} \tag{3-10}$$

式中,$\lambda_{\max}$ 为清晰化后矩阵 $\mathbf{R}$ 的最大特征根(即求 $|\lambda \mathbf{E} - \mathbf{R}| = 0$ 特征方程的特征根最大值);n 为客户需求项目的个数。

然后计算一致性比例 $C.R.$(Consistency Ratio)即:

$$C.R. = C.I./R.I. \tag{3-11}$$

式中,$R.I.$(Random Index)为相应的平均随机一致性指标,其取值如表 3-3 所示。

表 3-3   平均随机一致性指标 $R.I.$

矩阵阶数	1、2	3	4	5	6	7	8	9	10	11	12	13	14	15
$R.I.$	0	0.52	0.89	1.12	1.26	1.36	1.41	1.46	1.49	1.52	1.54	1.56	1.58	1.59

当 $C.R. < 0.1$ 时,认为判断矩阵的一致性是可以接受的。当 $C.R. \geqslant 0.1$ 时应该对判断矩阵进行适当的修正。

当一致性可以接受时,则可以求出该矩阵对应最大特征根 $\lambda_{\max}$,以及最大特征根对应的特征向量,设为 $\omega = (\omega_1, \omega_2, \cdots, \omega_n)$,由矩阵知识并通过下列公式可以求出其特征向量。

$$\mathbf{R}\omega = \lambda_{\max}\omega \tag{3-12}$$

对求得的特征向量进行规格化即:

$$\omega_i' = \omega_i / \frac{1}{n}\sum_{i=1}^{n} \omega_i \tag{3-13}$$

因此,对应于 n 个因素的重要性程度系数即为 ω' 的分量 $(\omega'_1,\omega'_2,\cdots,\omega'_n)$。

以本章前面提到的 10 个客户需求为例进行分析,通过调查的方式得到的用户需求重要度判断结果,见表 3-4。

表 3-4　客户需求两两比较重要度 1～9 标定值

	u_1	u_2	u_3	u_4	u_5	u_6	u_7	u_8	u_9	u_{10}
u_1	1	3	7	1/5	1/3	5	1	7	5	7
u_2	1/3	1	5	1/7	1/5	5	1/3	5	3	5
u_3	1/7	1/5	1	1/9	1/7	1/3	1/5	3	1/3	3
u_4	5	7	9	1	3	7	5	9	9	9
u_5	3	5	7	1/3	1	7	3	9	7	9
u_6	1/5	1/5	3	1/7	1/7	1	1/5	3	1/3	3
u_7	1	3	5	1/5	1/3	5	1	7	5	7
u_8	1/7	1/5	1/3	1/9	1/9	1/3	1/7	1	1/5	1
u_9	1/5	1/3	3	1/9	1/7	3	1/5	5	1	5
u_{10}	1/7	1/5	1/3	1/9	1/9	1/3	1/7	1	1/5	1

则所得到的模糊判断矩阵为:

$$
R=\begin{bmatrix}
(1.00,1.00,1.00) & (2.00,3.00,4.00) & (6.00,7.00,8.00) & (0.17,0.20,0.25) & (0.25,0.33,0.50) & (4.00,5.00,6.00) & (1.00,1.00,2.00) & (6.00,7.00,8.00) & (4.00,5.00,6.00) & (6.00,7.00,8.00) \\
(0.25,0.33,0.50) & (1.00,1.00,1.00) & (4.00,5.00,6.00) & (0.13,0.14,0.17) & (0.17,0.20,0.25) & (4.00,5.00,6.00) & (0.25,0.33,0.50) & (4.00,5.00,6.00) & (2.00,3.00,4.00) & (4.00,5.00,6.00) \\
(0.13,0.14,0.17) & (0.17,0.20,0.25) & (1.00,1.00,1.00) & (0.11,0.11,0.13) & (0.13,0.14,0.17) & (0.25,0.33,0.50) & (0.17,0.20,0.25) & (2.00,3.00,4.00) & (0.25,0.33,0.50) & (2.00,3.00,4.00) \\
(4.00,5.00,6.00) & (6.00,7.00,8.00) & (8.00,9.00,9.00) & (1.00,1.00,1.00) & (2.00,3.00,4.00) & (6.00,7.00,8.00) & (4.00,5.00,6.00) & (8.00,9.00,9.00) & (8.00,9.00,9.00) & (8.00,9.00,9.00) \\
(2.00,3.00,4.00) & (4.00,5.00,6.00) & (6.00,7.00,8.00) & (0.25,0.33,0.50) & (1.00,1.00,1.00) & (6.00,7.00,8.00) & (2.00,3.00,4.00) & (6.00,7.00,8.00) & (6.00,7.00,8.00) & (8.00,9.00,9.00) \\
(0.17,0.20,0.25) & (0.17,0.20,0.25) & (2.00,3.00,4.00) & (0.13,0.14,0.17) & (0.13,0.14,0.17) & (1.00,1.00,1.00) & (0.17,0.20,0.25) & (2.00,3.00,4.00) & (0.25,0.33,0.50) & (2.00,3.00,4.00) \\
(0.67,1.00,1.00) & (2.00,3.00,4.00) & (4.00,5.00,6.00) & (0.17,0.20,0.25) & (0.25,0.33,0.50) & (4.00,5.00,6.00) & (1.00,1.00,1.00) & (6.00,7.00,8.00) & (4.00,5.00,6.00) & (6.00,7.00,8.00) \\
(0.13,0.14,0.17) & (0.17,0.20,0.25) & (0.25,0.33,0.50) & (0.11,0.11,0.13) & (0.11,0.11,0.13) & (0.25,0.33,0.50) & (0.13,0.14,0.17) & (1.00,1.00,1.00) & (0.17,0.20,0.2) & (1.00,1.00,2.00) \\
(0.17,0.20,0.25) & (0.25,0.33,0.50) & (2.00,3.00,4.00) & (0.11,0.11,0.13) & (0.13,0.14,0.17) & (2.00,3.00,4.00) & (0.17,0.20,0.25) & (4.00,5.00,6.00) & (1.00,1.00,1.00) & (4.00,5.00,6.00) \\
(0.13,0.14,0.17) & (0.17,0.20,0.25) & (0.25,0.33,0.50) & (0.11,0.11,0.13) & (0.11,0.11,0.13) & (0.25,0.33,0.50) & (0.13,0.14,0.17) & (0.67,1.00,1.00) & (0.17,0.20,0.2) & (1.00,1.00,1.00)
\end{bmatrix}
$$

为计算矩阵的一致性,利用式(3-9)进行清晰化处理,得到清晰化矩阵:

$$\boldsymbol{R}=\begin{bmatrix} 1.00 & 3.00 & 7.00 & 0.20 & 0.35 & 5.00 & 1.17 & 7.00 & 5.00 & 7.00 \\ 0.35 & 1.00 & 5.00 & 0.14 & 0.20 & 5.00 & 0.35 & 5.00 & 3.00 & 5.00 \\ 0.14 & 0.20 & 1.00 & 0.11 & 0.14 & 0.35 & 0.20 & 3.00 & 0.35 & 3.00 \\ 5.00 & 7.00 & 8.83 & 1.00 & 3.00 & 7.00 & 5.00 & 8.83 & 8.83 & 8.83 \\ 3.00 & 5.00 & 7.00 & 0.35 & 1.00 & 7.00 & 3.00 & 8.83 & 7.00 & 8.83 \\ 0.20 & 0.20 & 3.00 & 0.14 & 0.14 & 1.00 & 0.20 & 3.00 & 0.35 & 3.00 \\ 0.95 & 3.00 & 5.00 & 0.20 & 0.35 & 5.00 & 1.00 & 7.00 & 5.00 & 7.00 \\ 0.14 & 0.20 & 0.35 & 0.11 & 0.11 & 0.35 & 0.14 & 1.00 & 0.20 & 1.17 \\ 0.20 & 0.35 & 3.00 & 0.11 & 0.14 & 3.00 & 0.20 & 5.00 & 1.00 & 5.00 \\ 0.14 & 0.20 & 0.35 & 0.11 & 0.11 & 0.35 & 0.14 & 0.95 & 0.20 & 1.00 \end{bmatrix}$$

利用 MATLAB 函数 eig(r) 可以计算出该矩阵的特征根是:11.1476;0.3420+3.2675i;0.3420−3.2675i;−0.3266+1.0848i;−0.3266−1.0848i;−0.4174+0.4519i;−0.4174−0.4519i;−0.2104;−0.0667+0.0063i;−0.0667−0.0063i。则其最大特征根 $\lambda_{\max}=11.1476$。

由式(3-10)可以计算出:

$$C.\,I.=\frac{\lambda_{\max}-n}{n-1}=\frac{11.1476-10}{10-1}=0.1275$$

由表 3-3 可以查出,10 阶矩阵对应的平均随机一致性指标 $R.\,I.=1.49$。

则由式(3-11)计算出的一致性比例 $C.\,R.=0.0858<0.1$,所以可以判断出该矩阵的一致性是可以接受的。

然后,由式(3-12)可以求得最大特征根对应的特征向量 $\boldsymbol{\omega}$(在实际计算过程中,借助于 MATLAB 工具中 $[\boldsymbol{\omega},\boldsymbol{\lambda}]=\mathrm{eig}(R)$ 函数可以简化求解),求得的结果:

$\boldsymbol{\omega}=(0.2772,0.1623,0.0530,0.7605,0.4790,0.0701,0.2624,0.0342,0.1008,0.0335)$。

利用公式(3-13)对其进行规格化可以得到最终客户重要度值为:

$\boldsymbol{\omega}'=(0.1241,0.0727,0.0237,0.3406,0.2145,0.0314,0.1175,0.0153,0.0451,0.0150)$。

根据最终客户重要度值可以判断出:不存在屏幕闪烁,不易造成视觉疲劳(u_4:0.3406)>画面层次分明,颜色绚丽真实(u_5:0.2145)>消耗能量较同光效的光源减少 80%(u_1:0.1241)>材质选择不能含金属汞等有害物质(u_7:0.1175)>易实现调光和智能控制,能根据要求调节 LED 光颜色(u_2:0.0727)>重量轻,厚度薄,坚固耐用(u_9:0.0451)＞散热效果要好(u_6:0.0314)＞色泽透明、高光泽且无泛白现象(u_3:0.0237)＞静电保护措施得当(u_8:0.0153)＞低电压驱动,低电磁辐射,环境适应性强(u_{10}:0.0150)。

3.4　基于质量屋的客户需求映射

质量功能配置是一种把客户对产品的需求进行多层次演绎分析,转化为产品的设计要求、零部件特性、工艺要求和生产要求的质量工程工具,是产品设计与开发全过程质量保证和改进的系统科学方法。由于客户需求表述的模糊性,以及客户需求对应的工程特性表述的模糊性,使得传统 QFD 理论与方法存在一定的缺陷和不足,因此需要研究并建立基于模糊理论的客户需求向技术特征项映射的质量屋。

3.4.1　质量屋建立过程

设质量屋中包含 n 个客户需求 $U=\{u_1,u_2,\cdots,u_n\}$,对应这些客户需求的满足共有 m 个技术特征项,设技术特征项 $E=\{e_1,e_2,\cdots,e_m\}$。

（1）客户需求及其重要度确定

在建立质量屋时就要求把收集到的客户需求也就是客户的心声（VoC）及客户需求的重要程度逐一填入客户需求矩阵。

（2）技术特征项的确定

技术特征项就是企业应该采取的措施,是工程技术人员的语言（Voice of Engineering,VoE）,用以满足客户需求的手段。技术特征项的确定是企业技术人员或企业组织专家对产品的客户需求做出判断,给出与客户需求相关的技术需求项,并综合多个专家和企业技术人员的结果给出最佳评判。技术特征项的确定具有 3 个主要特点：

一是针对客户的需求而确定的,是为了满足客户的需求而应该采取的工程措施,因此具有很强的针对性；

二是技术需求项的确定应该是可以实现的,也就是说企业要具备条件能够实现该技术特征项,同时在工程措施执行过程中便于控制,要具有可测量性；

三是全局性,技术特征项的确定虽然具有很强的针对性,但是在现实过程中需求之间难免存在冲突和矛盾,如质量和成本之间的矛盾,因此,技术特征项的确定应该纳入具体产品的整体方案过程中。

技术特征项既然是实现客户需求的工程措施,很显然,一个客户需求的满足可能需要从多个层面的技术上进行考虑,同样一项工程技术的应用同时也可能满足多项客户需求,它们是多对多的关系。在实际过程中,还可能存在客户需求本身的相互冲突,这造成了技术特征项之间也存"正相关、负相关和零相关"三种可能。

正相关表示两个技术特征项之间存在某种程度的联系,两者改变事物的方向一致;负相关表示技术特征项之间存在冲突和制约,两者改变事物的方向相反;零相关表示两个技术特征项之间彼此相互独立,互不影响。对于这些定性的描述,在质量屋工具中通常需要进行量化,利用模糊数学的理论和方法进行处理。这里,本书定义的技术特征项之间的相关性值分别是量化值 1、−1 和 0。基于此,在质量屋的构建过程中,存在一个辅助性的评判分析,即从全局的角度去检查技术特征项之间的关联与冲突,实现其优化。

(3)建立 VoC 项和 VoE 项之间的关联矩阵

所谓关联程度就是某个技术特征项(VoE 项)对某个客户需求项(VoC 项)的贡献和影响程度。通常用矩阵的形式进行表述,即 $\boldsymbol{R}=[r_{ij}]_{n\times m}$,$r_{ij}$ 表示第 j 个技术特征项对第 i 个客户需求项的影响程度。

质量屋中,用"强相关""中相关""弱相关"和"无相关"进行定性的描述,在矩阵对应单元填入表示关联程度的符号,"强相关"用"⊕"表示,"中相关"用"▲"表示,"弱相关"用"◎"表示,若没有关系则填"无"或不填。同样定性描述应该定量化,对应的量化值分别定义为 5、3、1 和 0,其矩阵表示形式如下:

$$\boldsymbol{R}_{u\leftrightarrow e(n\times m)}=\begin{bmatrix} r_{11(u_1\leftrightarrow e_1)} & r_{12(u_1\leftrightarrow e_2)} & \cdots & r_{1m(u_1\leftrightarrow e_m)} \\ r_{21(u_2\leftrightarrow e_1)} & r_{22(u_2\leftrightarrow e_2)} & \cdots & r_{2m(u_2\leftrightarrow e_m)} \\ \vdots & \vdots & & \vdots \\ r_{n1(u_n\leftrightarrow e_1)} & r_{n1(u_n\leftrightarrow e_2)} & \cdots & r_{nm(u_n\leftrightarrow e_m)} \end{bmatrix}$$

式中,$r_{ij(u_i\leftrightarrow e_j)}$ 表示给出的第 i 项客户需求与第 j 项技术特征项之间关联性,且

$$r_{ij(u_i\leftrightarrow e_j)}\in(5,3,1,0)$$

(4)技术特征项的权重确定

通过 VoC 和 VoE 关联矩阵,以及 VoC 的重要程度,可以判定出技术特征项的权重和排序。通常情况下,技术特征项权重计算公式如下:

$$e_j = \sum_{i=1}^{n} w'_i r_{ij}, j = 1, 2, \cdots, m \qquad (3\text{-}14)$$

然后,通过绝对重要度的归一化处理,确定技术特征项的相对权重,其计算公式为:

$$e_j^* = \frac{e_j}{\sum_{j=1}^{m} e_j} \qquad (3\text{-}15)$$

获得技术特征项的重要度权重之后,输入质量屋对应项即可。

3.4.2　质量屋建立实例分析

本节仍以上述 10 个客户需求为对象进行分析。综合分析为满足上述客户需求,须完成的背光源技术主要有:背光源光学设计,器件的热阻和散热设计,LED 背光模块设计,驱动电路设计,RGB(Red, Green and Blue)配光技术及区域控制技术。即技术特征项 $E = \{E_1, E_2, E_3, E_4, E_5\} = \{$背光源光学设计,器件的热阻和散热设计,LED 背光模块设计,驱动电路设计,RGB 配光技术及区域控制技术$\}$。

通过专家调查以及经验法获得的客户需求与技术特征项之间的相关性如表 3-5 所示。

表 3-5　质量屋实例矩阵表

客户需求项		重要度	技术特征性				
			E_1	E_2	E_3	E_4	E_5
节能环保	u_1	0.1241	▲3	◎1	▲3		▲3
	u_4	0.3406	◎1	▲3	⊕5	◎1	◎1
	u_6	0.0314	▲3	⊕5	◎1	◎1	◎1
	u_7	0.1175		◎1	▲3		
	u_{10}	0.0150	◎1	▲3	▲3	⊕5	◎1
色域广	u_2	0.0727	⊕5		▲3	⊕5	⊕5
	u_3	0.0237	▲3	◎1	◎1	▲3	⊕5
	u_5	0.2145	▲3		▲3	⊕5	⊕5
亮度	u_8	0.0153	⊕5	◎1	▲3	▲3	▲3
寿命	u_9	0.0451	◎1	▲3	▲3	◎1	
技术特征重要度			0.1737	0.1409	0.3068	0.1757	0.2028

说明：

①技术特征项和客户需求之间的相关性符号：⊕表示强相关（5），▲表示中相关（3），◎表示弱相关（1），空格表示无相关（0）。

②技术特征项之间的相关性：＋表示正相关（1）、—表示负相关（－1），0 表示零相关。

则由表 3-4 可知判断矩阵为：

$$R_{u\leftrightarrow e(10\times 5)} = \begin{bmatrix} 3 & 1 & 3 & 0 & 3 \\ 5 & 0 & 3 & 5 & 5 \\ 3 & 1 & 1 & 3 & 5 \\ 1 & 3 & 5 & 1 & 1 \\ 3 & 0 & 3 & 5 & 5 \\ 3 & 5 & 1 & 1 & 1 \\ 0 & 1 & 3 & 0 & 0 \\ 5 & 1 & 3 & 3 & 3 \\ 1 & 3 & 3 & 1 & 0 \\ 1 & 3 & 3 & 5 & 1 \end{bmatrix}$$

则由式（3-14）可以计算出技术特征项的绝对重要度值为：

$$e = \{2.0218, 1.6397, 3.5707, 2.0451, 2.3597\}$$

由式（3-15）进行归一化处理，最终得到的技术特征项权重值为：

$$e^* = \{0.1737, 0.1409, 0.3068, 0.1757, 0.2028\}。$$

通过质量屋确定了满足客户需求的技术特征项权重之后，就需要在设计或制造等过程中对这些权重高的（即关键技术特性）加以重点管理与监控，将改进关键技术特性的工作看成若干个六西格玛项目过程，通过 DMAIC 模型实现过程的持续改进。

4 面向过程控制的质量管理

在高新技术飞速发展和客户需求日益苛刻的今天,产品质量已经有了很大的提高,如光电子企业的产品不合格率要求由 3σ 质量控制提升到 6σ 质量控制水平,产品的不合格率达到 PPM 级甚至 PPB 级要求。这种高质量、高过程可靠性要求,对企业的管理方法和管理措施都提出了新的挑战。

产品生命周期质量管理以过程为控制对象,过程有输入和输出,为了保证过程执行的有效性就必须强调对过程的测量、监控与改进。过程输入的因素很多,主要可以概括为 4M1E,正是因为这些因素的变化而形成了过程产品的差异性,产品间的差异通常以产品质量特性的差异反映出来。差异是不可避免的,统计过程质量管理与控制就是统计和分析造成这种差异的原因,及时发现问题,正确采取措施予以消除,改进过程的质量活动水平,从而达到控制与提高产品质量的最终目的。

4.1 统计过程质量控制

4.1.1 质量控制数学基础

过程质量控制是指在产品加工制造过程中,为了达到质量设计时的质量特性要求而采取的作业技术和活动,可以分为两类:在线工序质量控制和离线质量诊断分析。实行工序质量控制是质量管理的重要任务之一,工序控制可以确保生产过程处于稳定状态,预防次品的出现。而控制图工具是进行工序质量控制的主要统计方法之一。其理论基础主要有两点:

（1）质量具有波动性

在生产过程中，无论工艺条件多么一致，生产出来的产品质量特性绝不可能完全一致，这就是所谓的质量波动。产品质量特性的波动分为正常波动和异常波动两种。

正常波动在每个工序中都是经常发生的。引起正常波动的影响因素很多，如机器的轻微振动、原材料的细微差异等，其特点在于影响很小却始终存在，贯穿生产过程的始终，具有很大的随机性而且难以去除。正常波动时，尽管对单个产品的观察结果不尽相同，但从总体上看，其波动趋势是可以预测的，可以用某种统计分布来进行描述。异常波动是由某种特定原因引起的，如固定螺母松动造成的剧烈振动、刀具的严重磨损、违反规程的错误操作等都可导致异常波动，其特点是对产品质量的影响很大，但并不总是存在，在技术上易识别且容易去除。

当工序只存在正常波动时，我们说工序是处于正常控制之中，此时的工序生产性能是可以预测的。过程控制系统的目标就是当工序出现异常波动时迅速发出预警信号，使技术人员能很快查明异常原因，并采取措施消除过程波动。

（2）质量的波动具有统计规律性

产品质量虽然是波动的，但是正常波动具有统计规律性，即存在一种分布趋势，形成一个分布带，这个分布带的范围反映了产品精度。产品质量分布可以有多种形式，如平均分布、正态分布、二项分布和泊松分布等。正是由于产品质量是在一定的质量因素限制下制造出来的，质量因素的变化导致产品质量在生产过程中不断发生变化。

在生产正常的情况下，通过大量的数据观测，利用数理统计的方法，可以精确地确定产品质量变异的幅度以及不同大小的变异幅度发生的可能性。当前具有普遍应用的统计过程控制（SPC）就是利用产品质量变异具有统计性的规律来进行质量控制的技术，它通过对生产过程的实时监控，科学有效地区分出生产过程中产品质量的正常波动和异常波动，从而对生产过程的异常趋势提出预警，以便生产管理人员及时采取措施，消除异常，恢复过程的稳定，从而达到提高和控制质量的目的。

4.1.2 质量控制方法

数理统计的基础离不开数据，因此，过程控制的第一步就是获取真实、及时和准确的各类质量数据，如质量的特性值、质量的工艺参数值等。生产过程中常见的数据类型主要有计量型数据(计量值)、计件型数据(计件值)和计点型数据(计点值),计件值和计点值又统称为计数型数据。

一般而言,按一定时间间隔抽取一定的样本,进行测量得到的数据称为计量型数据;计数型数据是以个数数得的质量特性值,通常都是正整数值。在数理统计上,计量值如长度、重量、强度等连续性数据最常见的分布是正态分布;计件值只有合格和不合格两种情况的离散型数据,最常见的分布是二项分布;对于计点值如电路板上不良点数等离散型数据,最常见的分布是泊松分布,利用这些规律,可以有效地对产品质量进行控制,从而达到保障和提高产品质量的目的。如上所述,质量特性的数据类型如图 4-1 所示。

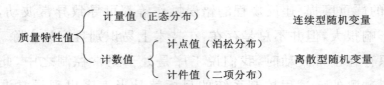

图 4-1 质量特性的数据类型

质量数据的常规控制图类型及其应用场合与特点如表 4-1 所示。

表 4-1 常规控制图及其应用场合

类别	控制图类型	主要用途及特点
计量型数据	均值-极差($\bar{X}$-R)控制图	适用于批量大、加工过程稳定的场合,一般样本数小于 10,是最常用最基本的控制图
	均值-标准差($\bar{X}$-s)控制图	适用于样本控制较大的过程控制
	个别值-移动极差(X-R_m)控制图	只能获得一个测量值或用于测量成本较高的场合
	中位线-极差($\tilde{X}$-R)控制图	主要用于早期手工计算,现在应用逐渐减少
计件型数据	不良数(np)控制图	控制对象是不良品的件数,适用于大批量生产,在样本大小相同情况下使用
	不良率(p)控制图	p 控制图难以找到异常原因,一般应用于重要的检查项目上
计点型数据	缺点数(C)控制图	用于控制一定面积、一定长度或任何一定的单位中所出现的不合格数目,控制对象为产品缺点数量,在样本大小相同情况下使用
	单位缺点数(μ)控制图	测量单位数量(如单位面积、单位长度等)的缺点数来控制产品质量

4.1.3 四层监控体系

在产品质量形成过程中,会产生大量的质量特性数据,这些质量特性数据具有统计规律性。因此,借助控制图工具可以对生产过程的运行状况进行实时监控,及时发现并反馈过程中出现的异常波动,为过程的改善提供基于数据和事实的决策依据。

为此,笔者提出四层质量监控体系,如图 4-2 所示,即对过程的输入和输出,以及工序过程进行监控,包括对工序关键点的监控以及工序合格率的监控。其中,过程的输入和输出属于离线监控,而另外两个实时性很强,属于在线监控。

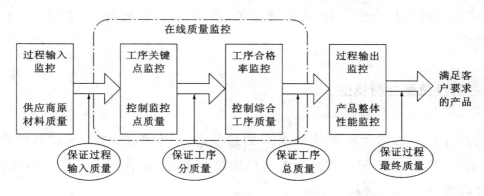

图 4-2　四层质量监控体系

(1)过程输入监控

控制活动首先必须保证加工过程输入的质量,即确认供应商所提供的原材料是否合乎要求。由于过程可以看成若干个子过程的集成,上一道工序是下一道工序的输入,因此,这里所指的过程输入也包括对上道工序的监控。

(2)工序关键点监控

一个工序可能会存在多个关键质量特性点,为了保证每一个关键点的质量,必须运用统计过程控制的理论和方法进行监控。根据 1982 年张公绪提出的两种质量诊断理论,这里的工序监控可以定义为分质量的监控,即指该关键特性点只与工序本身的加工质量有关,而与上道工序无关,保证关键监控点的质量控制水平,从而实现过程质量的提高与改进。

(3)工序合格率监控

工序合格是对产品最终合格的细化。工序的质量除了与本身工序的加工质量相关外,还应该综合所有上道工序的加工质量,实现了对工序合格率的监控,就可以对工序的质量状况和质量水平实施有效监控,从而保证最终产品总质量的合格水平。如果工序的控制图在监控过程中出现了波动,就应该及时报警,对工序采取全面检查,并采取必要的有效措施,改善工序能力,提高工序水平。

在企业的实际生产过程中,工序的质量控制是核心,2 层和 3 层的质量控制有了保证,产品的最终质量就有了保障。

(4)过程输出监控(产品合格率监控)

对过程的最终输出——加工产品质量符合性进行监控。这一层属于比较宏观层面的监控,其灵敏度相对较低,一般情况下,如果前 3 个层面的质量监控正常,就能做到最终产品的合格率高。但是,如果产品合格率监控控制图出现了报警,则应该及时进行全面检查,追溯异常源,找出原因,提出对策,必要时须停止整条生产线。

4.1.4　过程质量控制模型

笔者针对产品六西格玛质量水平的过程控制现实,结合上述和其他章节分析,提出了如图 4-3 所示的产品六西格玛质量水平下,基于 PDCA 环与 DMAIC 模型的过程质量持续改进梯。

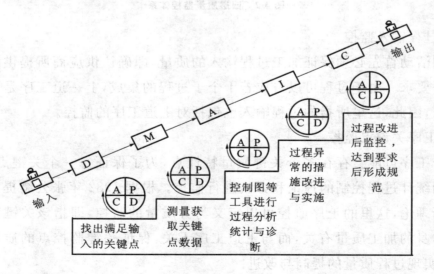

图 4-3　基于 PDCA 环和 DMAIC 模型的过程质量持续改进梯

　　ISO9000 族标准在内容上更重视客户满意,引入了体系、过程和产品测量的原则,特别是质量的持续改进原则,注重通过不断提高企业管理的效率实现质量控制。因此,企业产品质量的提高可以看成是若干个六西格玛项目过程的有机集合,过程的输入是客户,即指客户的需求和期望,也包括企业为过程产出而提供的资源型数据,如人财物等;过程的输出仍然是客户,所强调的是客户对产品的满意程度。当然,这里的客户是一种广义上的客户,不仅仅是企业产品面向的客户对象,过程中的某个环节或工序的下游都是上游的客户,同时也是下下游的客户输入。

　　同时,在 ISO9004:2000《质量管理体系　业绩改进指南》中,基于过程方法的质量管理被重点强调,当然这也是六西格玛管理理论的核心。因此模型中把过程看成若干个六西格玛项目。

　　(1)在定义 D(Define)阶段:选出输出特性,确定工艺的输入/输出变量。要识别我们的目标用户是谁,他们的真正需要是什么,即识别客户关注点,同时将客户的需求与可定义的、可度量的产品和过程参数联系起来,建立其映射关系,可以采用基于 QFD 的质量屋展开分析工具,找到需要的性能标准并选择关键的质量特性,从而对(若干)关键质量特性进行重点监控,提高过程能力。

　　(2)在测量 M(Measure)阶段:确定标准,验证测量系统,建立生产过程能力,并确定性能目标。其主要任务是注重过程操作,采集并记录质量信息,如质量文件、过程检测数据、客户反馈记录等。以光电子企业为例,其生产过程模式的多样性决定了数据测量和过程操作的复杂性。对于自动化程度比较高的流水线型生产模式,过程操作与测量的方法应与制造执行 MES 系统进行有机集成。

　　(3)在分析 A(Analysis)阶段:确定变量的来源,筛选潜在的影响因素。数理统计的基础是过程的相关数据,统计分析的目的就是监控过程的质量波动。通过对生产过程的质量数据进行监控,并根据质量数据的类型构造相应的控制图,寻找过程的稳态。如果过程处于稳态,则表明过程处于受控状态,需要持续监控;若过程出现了异常,则应该自动报警,采取措施消除过程异常。

　　(4)在改进 I(Improve)阶段:发现变量的关系,建立操作规范公差,验证测量系统,并验证生产过程能力。诊断出客户不满的信号进而预防。因此,管理者预先提供对策,建立正确的机制。

　　因此,一般有 2 种情况:如果这个状态是以前存在(出现)过的,组织可以采用已经存在的标准操作程序(Standard Operation Procedure,SOP);如果是一个以前没有发生的,最好应立即把它视为一个需要解决问题的工程(Special Problem-solving Project,SPsP),这个解决的程序又系统地被发展成为一个新的SOP。因此,在I阶段,须利用控制图诊断工具帮助技术人员找出过程异常,并给出过程改进措施,控制图的判断准则主要有随机点屡屡接近控制界限、链、间断链、倾向、点集中在中心线(±1σ)附近和点呈周期性变化六种类型。同时,需要对现有控制图的判断准则进行扩展,以适应企业对高质量水平产品特性的要求。

(5)在控制C(Control)阶段:即实施工艺控制。在I阶段所做的工作主要集中在对过程数据的统计分析,以找到改进过程质量的措施和方法。有了这种方法,并不意味着过程控制的结束,而应该是一个新的开始,在生产过程中应该用调整后的控制图继续进行过程控制,形成周而复始的循环过程控制。

同时,在每一个六西格玛阶段,都结合戴明的PDCA(Plan—Do—Check—Action,即计划—执行—检查—行动)循环。PDCA循环实际上是进行任何一项工作的有效程序。比如在质量诊断与改进提高阶段,首先是计划(P),即采取何种措施和途径去解决过程中的异常波动,同时也要对措施的控制结果做出预期,比如采取的措施是在LED背光源上引入新技术,将整个屏幕的LED分成若干区域,根据显示的影像信号,可单独控制每个区域的发光量;接着是执行(D),按照计划的制定内容去实施;然后是检查(C),采集新方法实施后过程所产生的质量信息,应用控制图等技术进行分析与控制,总结执行计划的结果,注意效果,并寻找可能存在的新问题;最后是行动(A),总结检查的结果,对成功的经验加以肯定并适当推广和标准化,对失败的教训加以总结,以免重蹈覆辙,未解决的问题放到下一个PDCA循环中。这样在每个阶段采用基于PDCA环将六西格玛每一个阶段有机地构成一个运转的体系,大环带小环,一级带一级,呈现螺旋阶梯式上升。

因此,企业产品六西格玛质量水平的过程控制是一种持续的过程改进控制,它为客户提供更高质量水平的产品或服务,从而获得更高的客户满意度。

4.1.5 质量控制图流程

在实际生产制造过程中,对过程采用控制图进行控制的最初,过程不会恰巧处于稳定状态,如果以这种非稳定状态下的参数建立控制图的话,将会造成后续控制图的参数建立存在偏差,造成后续控制图的不准确。因此,要用 SPC 实现对过程的控制,首先需要将非稳定状态调整到稳定状态,这称为 SPC 的第一个阶段,即分析用控制阶段;当过程调整到稳定状态后,才能真正实施对过程的控制,一般称为 SPC 的控制用控制阶段。也就是说,第一个阶段的分析用控制图的目的是对收集到的一定质量数据进行分析,找出过程的稳态;控制用控制图是对实时数据进行分析,保持过程的稳态。

分析用控制图的首要目的是寻找过程的稳态,这里面有个"判稳准则",对未达到稳态的过程运用"查出异因,采取措施,保证消除,纳入标准,不再出现"最终达到稳态,这种稳态称为统计稳态。分析过程稳定还有个技术稳态,就是指过程满足技术标准或技术要求的能力,判断过程是否达到技术稳态依据是"规格界限",其采用的常用指标是荷兰学者维尔达(S. L. Wierda)提出的过程能力指数 C_p(Process Capability Index)。分析用控制图的调整过程实际上就是一个质量不断改进的过程。

因此,分析用控制图主要用于分析:

(1)过程是否处于统计控制状态(统计稳态);

(2)该过程的过程能力指数 C_p 是否满足要求(技术稳态)。

当过程达到满足要求的稳态后,才能用分析用控制图的延长线制作控制用控制图,并利用"判异准则"来判断过程是否异常,如果异常则说明过程稳态被破坏,需要寻找原因并尽快消除其影响。在工厂的实际应用中,从分析用控制图阶段进入控制用控制图阶段需要有正式的交接手续,要有质量记录。另外,控制用控制图不是无限制进行下去,而是经过一个阶段的使用后,如一年、一个季度甚至一个月,要根据产品及其过程的特点及实际状况并充分利用这个阶段收集的数据,分析过程的稳态是否发生了变化,并重新来寻求新的稳定状态。

因此,企业产品实现六西格玛质量水平的过程控制,其控制图选用流程如图 4-4 所示。

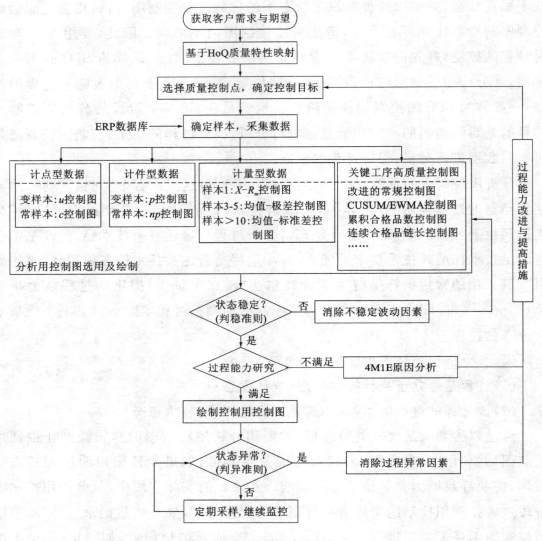

图 4-4　控制图选用流程

4.2　六西格玛质量水平控制图设计

4.2.1　六西格玛质量水平的控制对象

早在 20 世纪 20 年代,休哈特就提出了 p 和 np 控制图,广泛用于常规质量水平下的不合格率控制,其数理统计基础为二项分布,分别以不合格率、不合格品数为其统计量。在实际应用过程中,为确保统计量有较高的置信度,对样本所含的不合格品数有一定的限制,通常要求 $1 < np < 5$,也就是说,每个样本中至少含有 1 到 5 个不合格品,这样可以有效避免只要检验样本中一出现不合格品就判断过程异常的不合理现象发生。

对于产品六西格玛质量水平,也就是意味着产品的不合格率很低,相对而言产品的不合格品数会很少,如果以不合格率或不合格品数为控制对象来实现六西格玛质量水平控制是不可行的。孙静(清华大学)、刘建斌和张维铭(浙江工程学院)以及吴德会(合肥工业大学)等很多学者对这样一种高质量水平的过程控制进行了广泛研究,其中一个很好的思路就是从产品合格品数或合格率上进行探索与研究。很显然,由于六西格玛(6σ)是一个高质量过程,不合格品率会很低,从另一个层面上讲就是大量产品是合格品,以合格品为控制对象进行数据的采集、处理和控制会更有效。

因此,在六西格玛质量水平下的控制图中,有两种相对比较好的思路:一个是累积连续合格品数法,其控制对象就是相邻不合格品间的连续合格品数;另外一种方式是对生产过程中随机的某一时间进行连续检验,将检验到第一个不合格品时已检验的合格品数量,即连续合格链长(Consecutive Conforming Run-length,CCR)作为控制对象。本章采用 CCR 作为控制对象,主要有两个比较明显的优点:

第一,CCR 不用等到样本中所有样品都检测完毕就能计算,在产品的整个检测过程中可以不断采集,这样对生产过程中出现的异常检测与控制会更有效、更实时。

第二,对于光电子产品六西格玛过程质量水平,由于其产品不合格率很低,通过偶然出现的不合格品就推断整个生产过程的不合格品率置信度太低,而利用 CCR 作为控制对象,对生产过程中大量冗余质量信息进行提炼,信息的利用率更高,控制更灵敏。

4.2.2　常规不合格率 p 控制图

常规不合格率 p 控制图用于判断生产过程的不合格率是否处于或保持在所要求的水平,无论样本数量大小是否相等均适用。p 控制图数理统计基础是二项分布。

设有 k 个样本,它们的样本量分布为 $n_1,n_2,\cdots,n_k$,对应的不合格率分别为 $p_1,p_2,\cdots,p_k$,则显然每一批样本不合格品数分别为 $n_1p_1,n_2p_2,\cdots,n_kp_k$。由数理统计知识可估算过程的总体不合格率参数 $\hat{p}$:

$$\hat{p} \approx \bar{p} = \frac{\sum\limits_{i=1}^{k} n_i p_i}{\sum\limits_{i=1}^{k} n_i} \tag{4-1}$$

则控制图的控制界线可用式(4-2)表示:

$$\left. \begin{aligned} UCL_p &= \bar{p} + 3\sqrt{\frac{\bar{p}(1-\bar{p})}{n_i}} \\ CL_p &= \bar{p} \\ LCL_p &= \bar{p} - 3\sqrt{\frac{\bar{p}(1-\bar{p})}{n_i}} \end{aligned} \right\} \tag{4-2}$$

在实际执行过程中,应该注意以下几点:

(1)由式(4-2)可知,下控制界线的计算结果可能为负数。由于 p 控制图反映的是过程的产品不合格率,因此不会出现统计量为负数的情况,在这里的处理措施,就是以 0 为自然下界线。

(2)p 控制图适合于样本量不等的情况,当样本量 n_i 不相等时,上下控制界线就不是一条直线,这样就给 p 控制图的绘制带来麻烦。《常规控制图》(GB/T 4901—2001)提供了两种解决方案:一是采用平均样本量 $\bar{n}$ 做单一控制线,即将式(4-2)中的 n_i 用 $\bar{n}$ 替代,这种场合一般要求 n_i 的变化量在 $\bar{n}$ 的 $\pm 25\%$ 比较适合;另外一种方案就是进行变量标准化,即通过给定的 p_i 值计算标准化值 z_i,有:

$$z_i = \frac{p_i - \bar{p}}{\sqrt{\frac{\bar{p}(1-\bar{p})}{n_i}}} \tag{4-3}$$

此时可以计算出:$CL=0$,$UCL=3$,$LCL=-3$,其控制界线为常数。

(3)由式(4-2)可知,如果采用常规控制图进行六西格玛质量水平过程控制,由于 p 很小,则控制图的上下界线间隔会变宽,约为 $6\sqrt{\frac{\bar{p}}{n_i}}$,对产品出现不合格的波动检测就不那么灵敏了。

4.2.3　累积连续合格品数控制图

设生产过程的不合格率为 p，则合格率 $q=1-p$。由于光电子产品生产过程的高质量（六西格玛水平，设 $p=5\text{ppm}=5\times10^{-6}$），则连续 600 个产品皆为合格品的概率为 $s=(1-p)^n=(1-5\times10^{-6})^{600}=99.7\%$，显然，出现不合格产品的概率为 0.3%。根据小概率原理，可以认为若在连续 600 个产品中出现了不合格品，就可以判断过程异常，即过程的不合格率已发生显著变化，大于 5ppm，其虚发警报的概率或显著性水平为 $\alpha=1-s=0.3\%$。

可以求出，在给定显著性水平 α 的条件下，对于不同的不合格品率 p，判断过程是否异常的累积连续合格品数的临界值 n_0 可表达为：

$$n_0=\frac{\ln s}{\ln(1-p)} \tag{4-4}$$

若累积得到的连续合格品数小于临界值 n_0，则就可以认为在显著性水平 α 下的过程不合格率已经大于 p 了。也就说，出现连续合格品的数量越多越好，其理想状态就是过程的所有产品都是合格品（即零缺陷）。

在孙静博士的著作中给出了给定 p 和 α 的 3 条判异准则所对应的临界值 n_1、n_2 和 n_3。使用该方法的优点在于，不仅可以判断过程是否异常（与临界值进行比较），还可以通过 α 以及实际得到的连续合格品数对过程的不合格率进行估算。累积连续合格品控制方法是一种相对的事后检验，比如，已知过程的不合格率 p 为 0.0001（100ppm），显著性水平 α 取 1%，则查表可知，其临界值分别对应为 100、1485 和 4361。根据孙静博士提出的判异准则，即若生产过程连续检查 100 个产品，只要存在不合格品则过程判断为异常；若连续检查 1485 个产品，不合格品数目多于 1 个（即最多只能有 1 个不合格品），则判断过程异常；同样，若连续检查 4361 个产品，其不合格品的数目多于 2 个（即最多只能存在 2 个），则判断过程异常。因此，累积连续合格品数控制图使用的是一种静态的描述。

4.2.4　连续合格品链长控制图

假设生产过程中产品不合格率为 p，且 $0<p<1$，则显然产品合格率为 $q=$

$1-p$。在全检期间,设第 $k+1$ 个产品为检测到的第一个不合格品(k 为非负整数),则在此之前连续存在 k 个产品都是合格品,这里用变量 X 表示连续合格链长 CCR,同时也意味变量 X 表示第 $k+1$ 个产品为第一个不合格品时已经检验的合格品总数,则 X 服从参数为 p 的几何分布:

$$P(X=k)=(1-p)^k p \qquad k=0,1,2,\cdots \tag{4-5}$$

其数学期望(均值)和方差为:

$$E(X)=\frac{1-p}{p}, \quad D(X)=\frac{1-p}{p^2} \tag{4-6}$$

根据等比数列求和公式,可以推导出 X 的分布函数为:

$$F(x)=P(X<x)=\sum_{k=0}^{x-1}(1-p)^k p=\frac{(1-p)^0\left[1-(1-p)^x\right]}{1-(1-p)}p=1-(1-p)^x$$

$$\tag{4-7}$$

于是,可以得到控制线的设置值:

$$UCL,LCL=E(X)\pm k\sqrt{D(X)}$$

这里用 $k\sigma$ 来设置控制线,但是存在一些问题,因为这是一种基于正态分布的控制线计算方法。而以连续合格品链长为控制对象时,所服从的是二项分布,二项分布若近似于正态分布,就要求 np 足够大,也就是意味着针对产品的低不合格率 p,必须对样本容量 n 取足够大的值,相对不经济。因此,这里介绍一个比较直观的控制线确定方法。

设初始给定的可接受的虚发警报概率是 α,则可以给出控制界线表达式:

$$F(UCL)=1-\frac{\alpha}{2}, \quad F(LCL)=\frac{\alpha}{2} \tag{4-8}$$

当生产过程处于受控状态时,设过程的不合格率已知,且 $p=p_0$。由式(4-7)和式(4-8)联立可以求解出连续合格品控制图的上控制界线和下控制界线,即 UCL 和 LCL。通过控制界线就可以判断生产过程是否异常,所得到的连续合格品控制图的控制界线表达式为:

$$\left.\begin{array}{l}UCL=\dfrac{\ln(\alpha/2)}{\ln(1-p_0)}\\[3mm]CL=\dfrac{\ln(0.5)}{\ln(1-p_0)}\\[3mm]LCL=\dfrac{\ln(1-\alpha/2)}{\ln(1-p_0)}\end{array}\right\} \tag{4-9}$$

若生产过程的不合格率 p_0 未知,则可用 CCR 控制图中最近数据来进行参数估计,设第 i 个样本的 CCR 是 $X_i, i=1,2,\cdots,m$,其中,m 是已发现的不合格品数,则对 p_0 可用下面公式进行估计:

$$\hat{p}_0 = \frac{m}{\sum\limits_{i=1}^{m}(X_i+1)}, \qquad \frac{1}{\hat{p}_0} = \frac{\sum\limits_{i=1}^{m} X_i}{m} + 1 \qquad (4\text{-}10)$$

其中,$\sum X_i$ 为被检验到的合格品总数。

控制图采用半对数坐标表来描绘,纵轴利用对数刻度代表过程实际连续合格链长 CCR;横轴使用线性坐标,每个基本单位依次代表被发现的不合格品数,控制图的上控制界线、下控制界线以及中位线利用上述公式进行计算后描绘。因此,与累积连续合格品数为控制对象相比,连续合格链长控制图是一种动态的描述,更为优越。

判断过程如下:若实际检验样本的 CCR 小于控制下线,则认为显著性水平 α 条件下,过程的不合格率大于 p,过程异常,需要进行工序调整;若实际样本 CCR 大于上控制线,则认为过程的质量有明显的改善,应形成规范指导性文件,持续实施。

4.2.5 应用实例分析

下面以案例企业 VH045AFE 产品贴片工序质量检验数据为例。该工序主要完成芯片的贴片工作,对加工完成后的芯片进行全检。其产品不合格率要求控制在 $p=0.005$,其显著性水平 $\alpha=5\%$。调谐器质检录入界面如图 4-5 所示。该检验数据既包含计件型数据(芯片是否合格即合格品数),也包含计点型数据(每一块芯片上缺陷数)。显然,针对不同的数据类型,应该采取不同的控制图方法。本节拟针对 2005 年 7 月 29 日,1 号生产线 VH045AFE 产品(CK-NG 批号)为例,通过前述的 3 种方法进行控制图的绘制与分析比较,所获取的样本数据如表 4-2 所示。

说明:表 4-2 中 X_i 表示第 i 样本中所出现的连续合格品数,则第 i 样本的总检查数为 $\sum(X_i+1)$。

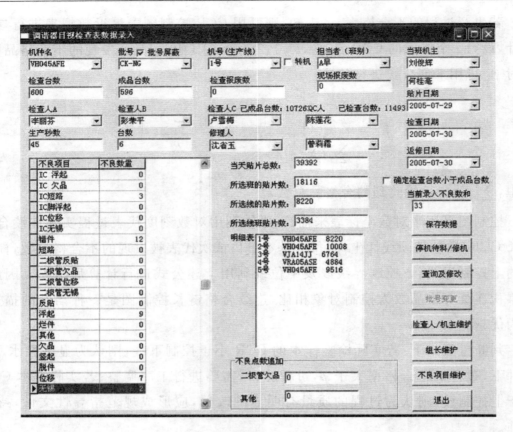

图 4-5　调谐器质检录入界面

表 4-2　VH045AFE 计件型质量数据

i	X_i	$\log X_i$	$\sum(X_i+1)$	i	X_i	$\log X_i$	$\sum(X_i+1)$
1	233	2.37	234	13	264	2.42	3778
2	408	2.61	643	14	165	2.22	3944
3	366	2.56	1010	15	286	2.46	4231
4	183	2.26	1194	16	91	1.96	4323
5	262	2.42	1457	17	315	2.5	4639
6	317	2.5	1775	18	422	2.63	5062
7	215	2.33	1991	19	364	2.56	5427
8	384	2.58	2376	20	478	2.68	5906
9	192	2.28	2569	21	758	2.88	6665
10	475	2.68	3045	22	323	2.51	6989
11	349	2.54	3395	23	515	2.71	7505
12	117	2.07	3513	24	237	2.37	7743

(1)常规 p 控制图绘制

因为上述表 4-2 数据,是连续全检获得的,在绘制常规 p 控制图时,可以设定共有 24 批样本,每批样本数并不相等,其样本数为 X_i+1,且每一批中都存在 1 个不合格品。这里借助于 Minitab 15.0(中文版)软件进行 p 控制图的绘制(统计－>控制图－>属性控制图－> p 控制图),结果如图 4-6 所示。

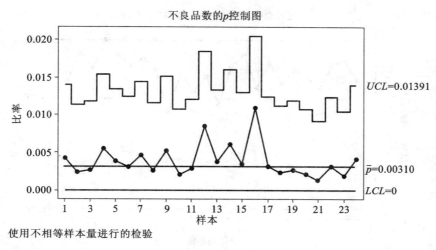

图 4-6　VH045AFE 不良数的 p 控制图

由控制图可知,其下控制线以 0 为自然下界。每一批样本的不良率都在控制界线范围内,说明该产品的生产过程处于稳定状态,没有异常。

(2)累积连续合格品数控制图

在给定的 $p=0.005$ 和显著性水平 $\alpha=5\%$ 条件下,其对应的判异准则 $n_1=10$, $n_2=71$ 和 $n_3=164$。根据判异准则,当检查到一个不合格品时,根据出现此合格品之前的连续合格品数的累积数来判断过程是否异常,可知,$i=1$ 的样本,在连续检查 233 个产品后,才出现第一个不合格品(第 234 个产品),根据判异准则Ⅰ,连续检查 $n_1=10$ 个产品没有出现不合格品,过程无异常,则需要继续检查直至出现第二个不合格品为止,显然,这时出现的第二个不合格品,是在已经存在第一个不合格品的条件下产生的,由表 4-2 可知,出现第二个不合格品时已经检查了 409 个产品,且第 409 个产品是第二个不合格品(第一个不合格品是第 234 个),根据判异准则Ⅱ,连续检查 71 个,根据判异准则Ⅲ,连续检查 164 个,过程都无异常。

(3) 连续合格品链长 CCR 控制图

在 $p=0.005$,$\alpha=5\%$ 条件下,根据式(4-9)可以计算出,上控制线值 $UCL=736$,中位线 $CL=138$,下控制线 $LCL=6$。采用常用对数表示,则 $\log UCL=2.87$,

$\log CL = 2.14, \log LCL = 0.78$。

连续合格品链长控制图的绘制,同样可以借助于 Minitab 软件的散点图进行〔图形-＞散点图(包含连接线),X 变量设为不合格品数,Y 变量设为连续合格链长常用对数值,在尺度-＞参考线,显示 Y 值的参考线栏目输入 UCL 、CL 和 LCL 控制线值,中间用空格隔开〕,其结果如图 4-7 所示。

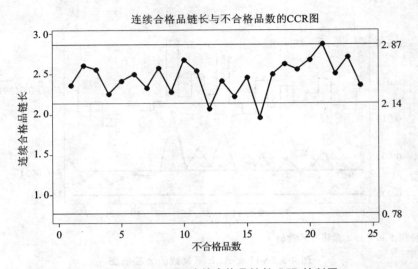

图 4-7　VH045AFE 连续合格品链长 CCR 控制图

从图 4-7 可以读出,过程控制没有异常,绝大部点都在中位值之上,但是第 21 个点所出现的连续合格品数,其常用对数为 2.88,超过控制上线 2.87 说明生产过程有明显的改善,应研究改善的原因以期能持续保持。相比前面的常规 p 控制图和以累积连续合格品数为控制对象的过程判断相比,连续合格品链长 CCR 控制图适用性更广,操作性更强。

4.3　控制图判异准则研究

4.3.1　控制图的两类错误

通过分析可知,控制图界线是进行工序质量控制判断过程是否异常的一个标尺,这里面难以避免出现两类错误:

第一类是过程正常却判断过程不正常,称之为虚发警报的错误,通常将第一类错误的概率记为 α;

第二类错误是过程已经异常,却判断过程正常,称之为漏发警报的错误,通常将第二类错误的概率记为 β。

两类错误概率 α 和 β 是相互制约的矛盾体,不可能同时避免。由概率论知识,影响第一类错误概率 α 的为显著性水平,只要控制界线被确定,其显著性水平也就确定了;但是影响第二类错误概率 β 的因素比较复杂,不仅与 α 有关,还与样本数量、均值是否偏移有关。因此,可以根据两类损失所造成的最小总损失来确定控制图的控制界线。

4.3.2 控制图的判异准则

控制图的目的在于通过对质量特性值的图形描述来识别过程的质量波动。在实际应用过程中,分析与识别过程是否出现异常,以及异常存在的原因是最为关键也是最困难的一步。国内外很多学者都在这一领域进行了大量富有创造性的工作,使得质量控制的自动化和智能化水平大大提高,如人工智能技术、神经网络技术的研究等。主要有三种异常模式的定义方法:以概率为基础的异常模式定义、以简单几何形态为基础的异常模式定义和以工程背景和经验为基础的复杂模式定义。

目前普遍应用的是《常规控制图》(GB/T 4091—2001)中明确给出了变差的可查明原因的八种模式,如图 4-8 所示。在控制图判异方面,比较有代表性的成果有:北京理工大学的郭彦兰对现有控制图进行了分析,指出了现有控制图异常判断准则存在的问题,推导出 3 条扩充准则;清华大学的孙静博士针对接近零不合格过程的有效控制方法,提出了接近零不合格过程的判异准则。这些扩充准则的研究使得过程质量控制的智能化程度越来越高,对过程的稳定以及质量的持续改进有着极大的推动效益。

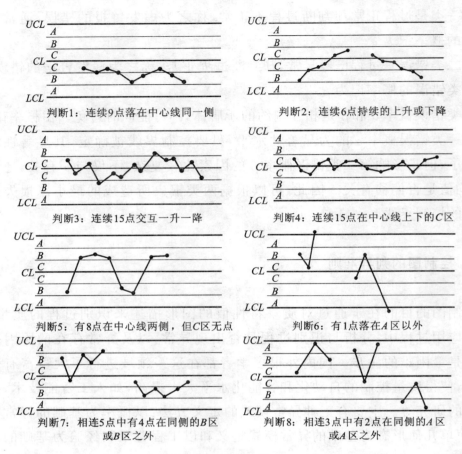

图 4-8　控制图判断失控准则

5 面向生命周期的质量管理

随着高新技术的不断进步,客户对产品的要求越来越高,企业所面临的市场竞争日趋激烈,制造企业为了在竞争中立于不败之地,并获得可持续发展,就必须缩短产品开发周期(Time),提高产品质量(Quality),降低生产成本(Cost),更好地向客户提供服务(Service)以及保持更节能清洁的环境(Environment),追求这五大属性 TQCSE 的综合最优。这样的一项工程,不可能仅仅依靠产品形成过程中的某种技术或者某个阶段的改善,而必须将整个产品生命周期视为一个完整过程加以全面考虑和综合平衡,实现市场研究及开发、制造、销售、使用以及回收等产品生命周期各阶段的多目标和多方位优化,对于提高产品质量也是如此。

显然,质量是进入市场的通行证已经成为人们的广泛共识。按现代质量观念,产品质量是在产品生命周期各个阶段的质量保证活动中逐渐形成的,称为生命周期的产品质量。产品生命周期的质量管理,突出了市场研究、开发、设计、采购供应、生产制造和售后服务的生命周期主线,把先进的制造技术、网络技术、计算机技术和全面质量思想、ISO 质量管理体系、六西格玛理论等进行有机的融合;通过全员参与、策划、控制和改善产品生命周期的过程质量来保证产品和服务质量,实现客户满意度的最大化和综合质量的持续改进。

5.1 产品生命周期划分

今天人们谈论的质量已经不再是传统意义上的指标符合性,而是性能、可靠性、经济性、外观以及售前和售后服务等多方面的综合性体现,它形成并始终贯穿于产品生命周期全过程,与人、材料、设备和方法以及环境(4M1E)等要素密切相关。根据美国 CIMdata 公司的定义,产品生命周期管理 PLM 是一种企业信息化的商业战略,它实施一整套的业务解决方案,把人、过程和信息有效集成在一起,作用于整个企业,遍历产品从概念到报废的全生命周期,支持与产品相关的协作研发、管理、分发和使用等信息。制造企业的产品同其他产品一样,也有着一个由产生到消亡再到再生的生命周期过程。也就是说,制造产品全生命周期从需求分析开始,经过设计、采购、制造加工成为产品,通过市场流向客户,为客户所用,并最终因功能耗尽而报废回收。

在 GB/T 19000—ISO9000 系列标准族中的《GB/T 19004.1:1994-ISO9004—1:1994 质量管理和质量体系要素——第一部分:指南》十分明确地给出了对质量有影响的主要活动,也就是我们常说的质量环。

质量环就是指从认识需要到评定这些需要是否得到满足的各个阶段中,影响质量的相互作用活动的概念模式,它始于营销和市场调研(对市场的需要进行识别,根据市场的需要进行产品的开发和设计),同样也终止于营销和市场调研(根据市场对其产品的反馈信息,评价市场的需要是否已经得到满足)。它反映的是一种连续不断、周而复始的过程,通过不断的循环来实现质量的持续改进。可以清楚地看出,这个过程是一个典型的以产品对象为核心的质量过程,过程中的每一个行为和要素都是围绕产品对象这一核心的。以过程控制为对象的产品生命周期模型如图 5-1 所示,主要包括以下几个阶段:

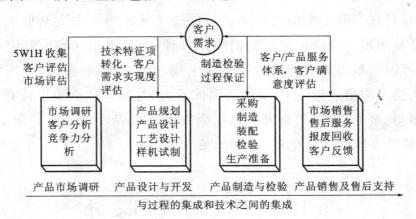

图 5-1　产品生命周期模型

(1)产品市场调研阶段

产品来源于市场及客户需求,经过设计、制造和销售等一系列环节走向市场并最终退出市场,或被新产品所取代。所谓的市场是由那些具有特定的需要和欲望,而且愿意并能够通过交换来满足这种需要的全部潜在客户所构成。

　　因此,企业的首要任务就是市场调研分析,准确获取并分析那些愿意并有能力交换(购买)的客户的需要和欲望,通过获取、表达和分析客户对目标产品的期望,实现产品信息从客户角度向产品设计和制造的技术角度转换,并在产品实现的各个过程中体现并满足客户需求。制造产品生命周期的模型将客户需求放在中心地位,是产品创新的原动力。市场调研部分不仅仅要进行客户的分析,企业还要关注竞争对手的经营状况和产品状况,以及合作伙伴或供应商的经营状况。

　　(2)产品设计与开发阶段

　　ISO 中将设计与开发定义为"将要求转化为产品、过程或体系的规定的特性或规范的一组过程"。主要包括产品规划、产品设计、工艺设计、试制试验等环节,它是产品质量产生和形成的起点,决定产品的特性或规范。因此,设计与产品开发阶段的质量水平对质量的形成与影响至关重要。

　　市场调研分析的目的在于及时、准确地获取客户的需求和期望,要注意的是,客户需求具有个性化、模糊化和多样化等特征。而客户需求是否能够实现、是否值得实现,企业应该对这些问题有清醒的认识,对定性问题进行必要的定量化。企业需要组织专业技术人员,通过技术手段,将客户需求向产品实现的技术特征项进行映射与转化,进行产品的规划和设计,完成产品的工艺设计,并对设计结果进行仿真分析和样机试制,既能发现设计中的错误和不足,减少不必要的浪费,及时反馈与修正原设计,又能评估产品形成过程中的客户需求满足程度,从而通过不断改进与创新令客户满意,实现双赢。

　　(3)产品制造与检验阶段

　　产品制造是指产品的原材料采购、制造、装配、检验以及生产准备等工作。这里的制造不仅仅局限于为完成企业的产品所进行的基本生产活动,如工艺加工,还包括为保证基本过程的进行所必需的各种辅助性生产活动,如生产计划及其调度、原材料采购及物资供应、产品检验与装配、工具与工装供应、设备维修和动力保证,以及为基本生产过程和辅助生产服务的各种生产服务活动,如指导性规范、计量具管理等。产品制造与检验该阶段的工作对产品符合性质量起着决定性作用。

　　(4)产品销售与售后服务支持阶段

　　这个过程也就是产品的使用过程,包括产品的流通和售后服务支持环节。产品通过销售渠道最终由市场流向客户,这是产品功能实现和结束阶段。市场销售是将产品在合适的时间、以合适的需求数量和功能并通过合适的价格送达合适的需求对象；售后服务支持为产品提供功能使用的维护保修工作；产品必将会因为物理损坏或磨损，或者因为功能失效而失去存在的意义，为最大程度获取产品的剩余价值，就需要对产品进行报废回收工作，实现产品的再利用、再制造、再循环或环保处理。另外，在产品销售过程中还要注重客户反馈信息的获取，评估客户对企业提供产品的满意程度，为产品的持续改进提供事实依据。

5.2　产品生命周期质量管理内容

质量是在产品生命周期的各个阶段的质量活动中逐渐形成的，根据上述生命周期阶段的划分可以知道，制造企业在产品生命周期阶段的质量管理内容为：

（1）产品市场调研阶段的质量管理

客户是核心。因此该阶段的质量管理就是针对企业现有市场和潜在市场，准确把握客户群，收集、统计和分析客户（或潜在客户的）需求和期望，对客户需求给出评定；对企业竞争对手及合作伙伴的生产经营状况、市场状况和质量状况密切关注，及时给出评估，帮助企业紧跟市场，提早预防，追求效益最大化。一般市场调研阶段的主要工作归属于市场部，也有些企业归属于销售部，在高新技术快速发展以及竞争激烈的今天，要求企业的每一个员工都应该关注市场。

（2）产品设计与开发阶段的质量管理

研究表明，产品的质量问题有 70％是在设计阶段产生的。产品成本的 70％～90％是由设计开发决定的，而设计费用只占成本的 20％左右，因此提高产品设计质量是控制产品质量的最经济、最有效的手段。在客户需求向技术特征项转化领域，质量管理采用基于质量屋的产品设计过程，确定客户需求和企业的各种资源，并据此确定质量屋的组成，主要包括客户需求、技术特征项、客户需求与技术特征项关联矩阵、技术特征项之间的自相关矩阵以及竞争对手等相关部分。通过模糊层次分析法确定客户需求的重要性程度，建立客户需求和技术特征项的关联矩阵，确定技术特征项的相对权重，并根据制造企业产品实际，优化模型确定工程特性目标值。同时，在产品开发与设计阶段，可以通过故障分析技术，如故障模式及影响分析法（FEMA）、故障树分析法（FTA）、事件时序树分析法（Event Tree Analysis，ETA）等，减少产品设计中同类故障的重复发生，提高产品质量水平，降低质量成本。

(3)产品制造与检验阶段的质量管理

制造质量包括工艺质量和生产过程质量两个方面。生产过程质量保证的是从投料开始到形成产品的整个生产过程的质量控制,属于线内(在线)质量工程技术;而工艺质量则是在工艺设计过程中形成的,它与设计质量和售后服务支持质量保证一样都属于线外(离线)质量工程技术。

工艺质量保证是指应做好生产技术准备工作,为保证制造质量提供必要的物质、技术和管理条件,以便使正式生产能在受控状态下进行,它是保证生产质量的前提和基础。企业中的制造质量功能的大部分活动内容和活动成果都属于工艺质量职能的范畴,包括审查产品工艺性、设计工艺方案、设计工艺路线和编制工艺规程、开展必要的工艺试验、设计和制造工艺装备、制定检验计划和编制检验程序、选择最佳供应商进行原材料采购等制造过程的质量管理,是企业涉及面最广、工作量最大、参与人数最多的质量管理工作,在制造质量的管理活动过程中,不仅仅要对整个过程的环节进行质量检查,而且还要对产品质量进行分析,找出影响产品质量的原因,将不合格品减少到最低限度。

(4)产品销售与售后服务支持阶段的质量管理

产品通过市场流向客户,为客户提供满意的服务以及技术支持,是售后服务质量管理的主要内容,概括起来包括三个方面。

一是做好产品销售,处理产成品的质量问题。对客户进行必要的培训,为客户提供技术服务支持,让客户买得称心、用得放心、修理不闹心。

二是做好产品使用效果和使用要求的调查研究,及时对客户进行回访,收集客户对产品和服务的反馈信息,提高产品和服务质量。

三是产品循环回收再使用问题,及时为客户提供技术升级,完成产品报废后的回收等相关问题,还要特别注意强化和完善环保问题的处理措施。

因此,制造企业产品生命周期各个阶段的质量管理内容丰富且复杂,既要做到在市场调研分析阶段充分、及时、正确地获取、分析和评价客户的需求;又要在产品设计及开发阶段,将客户的需求正确映射为产品的设计开发和制造的技术特征项,确定客户需求实现的产品方案和技术方案;还要在产品制造与检验阶段,通过过程的质量控制保证产品质量的持续改进;最后要在产品销售和售后服务支持阶段,通过营销和服务来保证服务质量,获得客户的更大满意和持续满意。

5.3　产品生命周期质量管理特点

5.3.1　质量管理以客户需求为中心

随着信息技术的飞速发展以及生产力的不断提高,国际市场的竞争日趋激烈,企业必须满足客户的个性化需求。而"对客户需求的满足程度"正是衡量产品和服务质量的准绳。企业应该始终贯彻以客户需求为质量活动的中心,这里面有两个方面的含义:

一是准确而全面地获取客户需求,包括产品最终的客户需求,也包括与产品有关的所有群体,如制造者、供应商等的需求,因此客户需求是产品最终客户需求、设计制造过程的技术特征项、管理需求和协作等需求的集合;

二是将客户需求落实到产品生命周期的各个阶段,并及时收集各类反馈信息,迅速做出响应,以便在产品的整个生命周期满足客户需求。

5.3.2　质量管理的范围进一步扩展

质量管理围绕产品生命周期各个阶段,为用户提供市场需求分析、产品设计、制造与使用过程的全面质量管理的技术支撑,其特点为支持用户需求驱动的基于质量多维性的多重质量闭环控制。

因此,质量管理就是在确定质量方针、目标和职责的前提下,通过质量评价、质量控制、质量保证和质量改进等活动来组织实施,以确保满足客户要求。传统的质量管理只注重检验和制造过程,忽略了客户需求,忽略了产品设计、售后服务等环节,现代质量管理不仅涉及产品制造过程,更延伸到市场分析、产品设计开发和售后服务阶段,即实现产品生命周期全过程的质量控制和质量保证。

同时,质量控制和抽样理论将沿着多样化、小样本化、模糊化和柔性化方向发展;质量管理范围的扩展,也带动着质量管理与控制新技术和方法的创新与应用,如应用在线检测技术和在线识别技术,以及粗集理论(Rough Set Theory,RST)、数据包络分析技术(Data Envelopment Analysis,DEA)、模糊逻辑(Fuzzy Logic,

FL)、神经网络(Nerve Network,NN)、遗传算法(Germ Arithmetic,GA)、混沌理论(Chaos Theory,CT)等,进一步拓宽了质量管理的应用范围。

5.3.3　注重供应商质量评估及选择

制造企业中,标准的采购流程可以划分为战略采购和订单协调两个环节,战略采购包括供应商的开发和管理,订单协调则主要负责材料采购计划、重复订单以及交货付款方面的事务。供应商的开发和管理是整个采购体系的核心,产品生命周期质量管理注重对原材料的采购管理,注重对供应商质量评估与选择管理。产品生命周期质量管理与全面质量管理以及其他质量管理理论相比,其显著区别之一就是将采购质量及供应商选择和评估也纳入生命周期范畴。

5.3.4　六西格玛质量水平的过程质量管理

六西格玛质量水平的过程质量管理与控制就是研究如何严格过程的质量控制,并使过程不断向零不合格目标逼近的质量科学的重要分支,其研究对象是那些"不合格率极低,大量产品为合格品,偶尔有不合格品出现"的过程。

对于这样高质量水平的过程控制,常规控制图及其判异和判稳准则就存在一定的局限性,须对常规控制图进行优化与改进,以适应六西格玛质量水平的过程管理与控制,对控制图的判异和判稳准则同样也须进行改进与扩充。

显然,产品六西格玛质量水平的过程工序能力评估以及针对性的改进措施也有着更高的要求。

5.3.5　对质量信息共享提出更高要求

信息集成、资源共享对整个生命周期的质量管理要求更高。因为质量管理的范畴扩展了,使得质量管理所面对的信息量更庞大、数据结构差异性和异构性更突出、资源共享要求更迫切。因此,企业产品生命周期质量管理既要对异构环境下的数据进行规格化,又要避免信息冗余和失真,保证质量信息的完整性、及时性、准确性和一致性,将产品生命周期各个阶段的质量信息进行更高层次的共享和集成。

5.3.6 计算机集成的质量管理

近年来新的生产模式不断涌现,对集成质量系统提出了新的要求,集成质量系统基于新的质量理念,借助先进的信息技术,以适应新的生产环境下的质量保证与控制。特别是 CIMS 环境下的集成质量系统,使得大量存在于设计、制造、管理和市场阶段与质量有关的数据得到有效采集、存储、评价和处理,比如质量管理中的 SPC 技术与工程过程控制(Engineering Process Control, EPC)的集成,与田口方法的集成等。这种集成,既是横向集成(生命周期各个阶段)也是纵向功能集成(计划、控制与执行层),特别适用于多变和高质量的客户需求场合。

5.4 产品生命周期质量信息管理模型

制造企业产品生命周期的质量信息是指在制造产品的形成过程中,生命周期的各个阶段所产生的各种有用的数据和资料,它们是生命周期各个阶段过程中产品和工作的质量特征反映,是制造企业进行统计分析决策的基础,是企业改善产品性能提高产品质量的重要依据。

一个完整的信息过程包括信息获取、信息传递、信息处理与再生以及信息施效等基本的环节。信息获取的任务就是通过传感和测量技术从外界获取有关客体与环境的信息;信息传递的任务就是在时间和空间上进行信息的传递与存储;信息处理和再生的任务就是对信息进行必要的统计和分析以获取所需的新信息或知识,这样一个过程通常需要借助计算机和人工智能等技术;信息施效的任务就是实施再生策略对客体的反作用,改变或维持客体的运动状态和方式,以获得对主体有益的效用。

因此,面向制造产品生命周期质量管理的关键,不仅仅要能够有效地组织和管理产品生命周期内的质量信息,对质量信息进行有效的识别、理解、获取、传递、存储、处理和施效等管理,保证这些质量信息在整个产品生命周期的一致性、完整性和及时性,以实现企业产品生命周期内的质量信息共享和质量信息的横向可追溯;同时管理的关键还需要能支持动态环境下由于客户需求的变动、技术设备方法的升级等而进行的质量改进前后质量信息的延续性,做到质量信息纵向也可追溯,从而支持企业质量信息的积累。

　　基于上述的分析可以知道,产品生命周期的质量信息形成并贯穿于产品生命周期的各个阶段,制造企业产品生命周期的质量信息模型如图 5-2 所示。该模型以客户为关注焦点,以过程信息集成为对象,对制造企业产品生命周期的各个阶段的质量特性信息以及与质量有关的信息都统一进行有效的管理,这些信息主要包括客户资源库(管理与客户有关的信息,如客户、客户需求、客户反馈、客户满意度评估信息、市场状况以及竞争对手等资源信息);企业资源库(管理企业资源信息,如企业员工信息、设备信息、工装夹具信息等);质量规划库(管理企业经营目标、质量目标以及远期和近期质量计划等目标性文件信息);质量文档库(管理企业规章制度、质量检验手册、工艺及工序操作控制手册、流程及规范性、指导性文档资源);过程质量库[针对制造产品生命周期的每一个过程进行质量资源管理,如设计过程的设计参数与工艺参数信息、物料清单(Bill of Material,BOM)配置信息、设计试验及试制信息、过程工序质量监控点的产品质量信息、半成品或产成品以及原材料质量检验信息、维修记录信息、过程改进措施及方法等];知识库(管理专家知识,或对历史数据进行数据挖掘和知识发现,有助于企业经营决策的知识)。

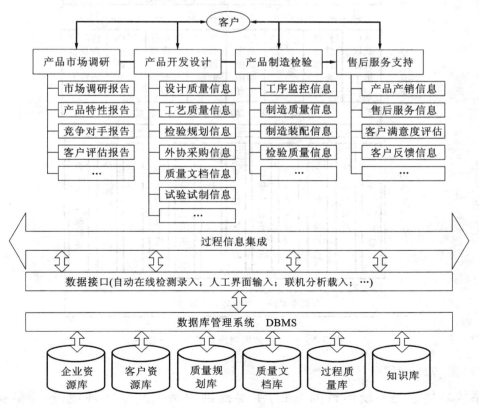

图 5-2　产品生命周期质量信息模型

5.5 产品生命周期质量管理体系框架

根据制造企业产品生命周期质量管理的内容和特点分析,提出了一种以产品生命周期过程管理为对象,强调面向客户的制造企业产品生命周期质量管理体系模型如图 5-3 所示。该体系结构主要分为系统环境层、功能配置层、系统工具集层和系统访问层 4 个层次。

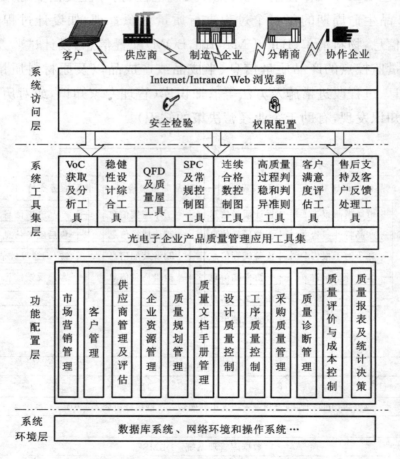

图 5-3 产品生命周期质量管理体系模型

（1）系统环境层

系统环境层是系统运行的基石,主要提供网络及其链接环境,质量数据存储与访问机制等。

（2）功能配置层

功能配置层是整个模型的核心所在，强调过程集成与信息共享，配置能实现制造产品生命周期的质量管理与控制功能模块。制造企业的质量管理系统，可以看成是由一系列为完成质量任务而形成的质量管理子过程和质量活动相互连接而成。

因此，功能配置层可以通过如图 5-4 所示的逻辑流程进行功能配置和模块重构。针对市场和客户需求（即过程输入）进行质量过程管理的规划，确定质量管理的目标和任务，这里的规划既包含对企业整体质量战略的规划，也包含对每一个子质量过程的具体规划；将规划内容付诸实施，实现对过程的管理与控制，特别是过程执行中的关键质量管理任务，影响产品质量的关键质量工序点；同时要注意对过程执行的反馈，或修正过程规划，或改善过程管理手段，以期达到过程质量的持续改进，获得满足要求的过程输出。

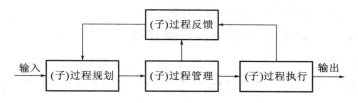

图 5-4　质量管理功能配置的执行逻辑流程

基于图 5-4 的功能配置执行逻辑流程构建的制造企业产品生命周期质量管理系统主要功能有：

①市场营销管理：帮助企业对所面临的市场进行管理，是制造企业经营走向的风向标，如竞争对手分析，合作伙伴评估等。

②客户管理：管理客户资源信息和客户需求信息等，为客户提供远程质量服务，同时也通过对客户反馈的分析为企业产品质量的持续改进提供准确可靠的信息支持。

③供应商管理及评估：首先要确认供应商是否建立起一套稳定有效的质量保证体系，然后确认供应商是否具有生产所需特定产品的设备和工艺能力；其次是成本与价格，要运用价值工程的方法对所涉及的产品进行成本分析，并通过双赢的价格谈判实现成本节约；在交付方面，要确定供应商是否拥有足够的生产能力，人力资源是否充足，有没有扩大产能的潜力；最后一点，也是非常重要的一点是供应商的售前、售后服务的记录，即根据采购质量、采购成本、交货期和售后服务等考核指标选择最佳供应商。

④企业资源管理：帮助企业管理如员工、设备、计量具以及工装夹具等。

⑤质量规划管理：实现对过程或子过程的质量目标及任务等的管理。

⑥质量文档手册管理：管理企业如 ISO9000 认证文档、质量检验计划手册、计量操作手册等。

⑦设计质量控制：实现基于客户驱动的产品设计质量控制。

⑧工序质量控制：对产品制造过程的质量问题进行计算机实时跟踪处理，及时将生产中出现的问题反馈到相应的设计、制造等部门，协调企业各部门之间的工作，为实施产品的六西格玛质量水平的过程管理提供很好的支持工具，有效减少质量损失。

⑨采购质量管理：对制造企业采购原材料进行质量检验与控制，为供应商提供评估与选择的重要依据。

⑩质量诊断管理：利用知识库对产品质量异常给出诊断和改进措施，也可以为客户提供产品质量问题的远程诊断服务。

⑪质量评价与成本控制：提供过程质量评价，进行质量成本控制，在质量与成本之间寻求平衡点。

⑫质量报表及统计决策：以提供决策支持为目标，提高决策人员的决策效率和效益。

（3）系统工具集层

系统工具集层提供面向制造产品生命周期质量管理的工具集，工具集主要包括：客户心声（Voice of Customers，VoC），即客户需求的获取与分析工具，如最常用的 5W1H 访谈法和 KJ 法工具，在客户需求分析聚类方面有系统聚类法、动态聚类法、最优分割法以及模糊聚类法等。客户需求驱动的产品开发及设计质量工具集，如田口玄一（1963）提出了稳健性设计（Robust Design，RD）工具，试验设计（Design of Experiment，DOE）等。QFD 及质量屋工具帮助制造企业通过瀑布式分解实现客户需求向技术特征项的映射，将客户需求融入产品的设计及制造等过程中。为有效实现对过程的质量控制，系统提供新旧 7 种工具。旧工具为：调查表、分层法、直方图、散布图、排列图、因果图、控制图，适用于生产现场、施工现场、服务现场解决质量问题和改进质量；新工具为：系统图、关联图、亲和图、矩阵图、矩阵数据解析法、过程决策程序图（Process Decision Program Chart，PDPC）法及网络图，适用于管理人员做决策，如怎样收集数据、明确问题、抓住关键、确定目标和手段、评价方案、制定切实可行的对策计划等。同时针对制造产品六西格玛质量水平的过程控制特点,提供优化后的控制图工具,如不合格率控制图、CUSUM控制图和 EWMA 控制图等,以及专门针对六西格玛水平的不合格率工具即累积合格品数控制图,以及连续合格品链长控制图。提供高质量过程控制判异及判稳准则工具,帮助有效实现过程诊断与改进。提供客户满意度评估工具,如模糊层次分析法、模糊综合评判法等技术工具。工具集还包括产品售后服务支持和客户反馈处理的工具等。

（4）系统访问层

对于制造企业员工（如系统管理员、企业领导、质量数据录入员、质量分析员等），根据其不同的权限进行功能配置以及功能模块的操作控制,如是否具有增加、修改、删除或查询功能;对于企业面向的客户可以通过 Internet 的 Web 方式在授权范围内访问系统的某些功能模块,如客户可以看到企业的产品信息、企业的业务状况信息等,同时也提供服务窗口让客户展开对产品的设计、制造等过程的讨论或咨询功能,让客户参与到产品的创造过程中,体会创造的乐趣,激发客户的需求欲望;对于企业的协作伙伴、供应商和分销商也可以通过 Internet 在授权范围内获取企业的信息,及时沟通,实现双赢。

6 制造过程的质量诊断

对制造过程进行质量诊断的目的在于通过使用各种质量工程技术手段,监控并确保影响产品及其生产过程的各种因素处于受控状态。制造过程质量控制的目的在于监控生产过程并排除生产过程中所有阶段导致不合格的各种因素,以获得客户满意并取得经济效益。自从舒哈特的统计过程控制(SPC)技术问世后,人们开始通过控制工序能力以及工序的稳定性来保证生产出质量稳定的合格产品。然而,利用 SPC 控制图对制造过程监控仍然是一种事中控制,只能在故障已经开始发生时,通过控制图异常状态给出一种警告,这意味着无法通过控制图发现引起过程变化的特殊因素。对产品的质量控制应力争从事后的检验逐渐转变为对工序控制的事前预防。要达到在先进制造环境下的零废品质量控制要求,采用基于智能化方法的过程质量预测控制是必要的。

近年来,随着数据采集技术和计算机技术的快速发展,制造过程质量特征参数的获取变得容易。利用加工过程中较容易获得的状态信息来对加工精度进行有效预测,进而补偿,是实际生产中较为现实的办法。特别是在自动化加工程度比较高的生产过程中,由于采用工业机器人进行生产加工,人为影响因素较小,加工过程异常时质量特征参数通常都呈现出某种规律,这为预测控制提供了可能。

6.1 制造过程质量影响因素分析

产品的质量是人类社会一直以来关注的热点问题,而产品质量则取决于生产过程的稳定性或波动性。先进制造技术要求企业建立新的制造质量控制方法,用以提高产品质量和增强市场竞争力。

制造质量 P_Q 的内涵可定义为:

$$P\_Q = \prod_{j=1}^{m} \left(\sum_{i=1}^{n} f_i(R_e, M_q, P_a, W_p, D_t, T_i) \right) \tag{6-1}$$

式中，R_e 表示生产者操作水平；M_q 表示前道工序质量；P_a 表示当前工序状态；W_p 表示设备运行状况；D_t 表示检测方法；T_i 表示质量的检测时间；i 表示产品零部件的工序；j 表示产品零部件。

以整车制造企业为例，由于客户需求多变、加工工艺流程复杂、影响因素多以及特有的产品层次结构，生产过程呈现出高度复杂的动态特性。在整车制造过程中，质量主要是由生产现场中的工作质量来体现的，由于受各种因素的影响，质量具有波动性。从质量管理的角度分析，对制造过程中的质量起关键作用的因素有：人（Man）、机（Machine）、料（Material）、法（Method）、环（Environment）、测（Measurement），简称 5M1E，如图 6-1 所示。

（1）人（Man）：主要指岗位人员是否具有质量保证职能，包括质量意识、质量责任、技术能力、熟练程度、身体状况、正确作业等。例如人员状态不稳定、新入厂员工、实习人员、紧急支援人员等。

（2）机（Machine）：主要是指机器设备是否满足实现产品质量的要求，包括机器设备和工装夹具的精度、性能、维护保养状况等。例如新安装的设备、经过大修的设备、生产线调整的设备等。

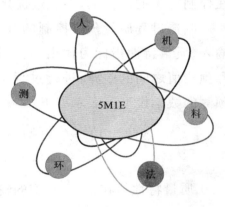

图 6-1　质量影响因素

（3）料（Material）：主要是指零部件或原材料是否满足设计规定的要求，包括零部件的结构、尺寸以及原材料的成分、外观质量、物理性能、化学性能等。例如新开发的材料、设计变更的材料、更换供应商的材料等。

（4）法（Method）：主要是方法是否准确、可靠，包括生产工艺、操作规程、工艺装备选择等。例如新设定的标准作业、变更后的标准作业、工序调整后的标准作业以及加工方法变化、设计参数变化、工艺要求变化等。

（5）环（Environment）：主要是指环境是否影响产品质量，既包括法律法规、政策、大自然、经济情况等，也包括工作场所的情况。例如湿度、湿度、照明条件、噪声、清洁度、通风条件等。

（6）测（Measurement）：主要是指测量是否正确，包括测量的标准、方法、设备等。例如测量设备变更、测量设备失准、测量频次变化等。

6.2 制造过程质量预测

制造过程质量预测是实现制造过程质量控制的基础。因为只有对未来的产品质量特性进行估计,才能在产品质量缺陷产生前进行调整,对可能出现质量缺陷的操作进行监测和预报,在事前防止缺陷的发生。实现过程质量预测的手段是建立生产过程的质量预测模型,即产品质量指标与产品生产过程工艺参数之间的关系。利用预测模型为控制优化提供先验知识,从而决定采用何种控制输入,使未来时刻被控制对象的输出变化符合预期的目标。预测控制的主要特征还表现在控制对象的优化上,即通过优化性能指标来确定未来的控制作用。

制造过程质量预测控制的基本原理是以制造过程中关键的质量影响因素为输入、质量特性指标为输出,建立制造过程质量特性预测模型。通过对比目标值和预测值之间的差异,进行过程参数的反馈调整,实现过程质量事前控制。质量预测的数学模型可表示如下:

$$\hat{y}(k+1) = f[y(k), y(k-1), \cdots, y(k-n+1); x(k+1),$$
$$x(k), \cdots, x(k-m+1); \xi(k+1)] \tag{6-2}$$

质量特性值在 $k+1$ 时刻的输出 $\hat{y}(k+1)$ 不仅与 $k+1$ 时刻的输入 $x(k+1)$ 有关,而且与 $k+1$ 时刻以前的输入 $x(k)$、$x(k-1)$、$\cdots$ 和输出 $y(k)$、$y(k-1)$、$\cdots$ 有关,同时也受到该时刻不可测干扰或噪声 $\xi(k+1)$ 的影响。预测控制的目标就是寻求一个模型使其输出 $\hat{y}(k+1)$ 尽可能逼近实际输出 $y(k+1)$。

然而在实际的生产中,这样的模型一般无法得到,都是通过专业技术人员的经验进行预测。为了弥补统计过程控制的不足,需要用到质量预测模型。制造企业面向生产过程的质量预测模型如图 6-2 所示。该模型以生产过程关键工艺参数为输入,以面向质量预测主题的数据集市为资源,以工艺知识为控制约束,以质量特性指标预测为输出。

为了实现制造质量预测,我们还需要用到极端学习机。

极端学习机从人工神经网络进化而来,是一种基于单隐层反馈神经网络的快速学习算法。其网络结构形式与三层神经网络类似,不同之处在于:神经网络一般采用反向传播的学习算法,其结构的确定需要人工根据经验设定初始阈值,并

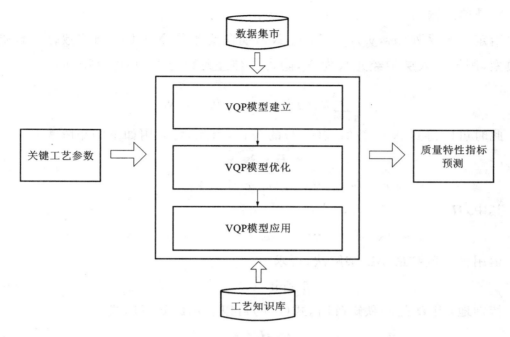

图 6-2 制造企业工序质量预测模型

且给出算法停止准则、学习率、学习步长等参数；而极端学习机算法的输入层权重不需要特别设定，随机选取，输出层权重则根据 MP 广义逆矩阵计算得出，减少了人工调整的难度。因此，极端学习机具有学习时间短、算法运行快、结构确定简便的特点。极端学习机的网络结构模型如图 6-3 所示。

其中：

X 是输入层，$x_j = \begin{bmatrix} x_{j1} & x_{j2} & \cdots & x_{jn} \end{bmatrix}^{\mathrm{T}}, j = 1, \cdots, N$；

$g(x_j)$ 是输入的激励函数；

ω 为输入层权重，$\omega_i = \begin{bmatrix} \omega_{i1} & \omega_{i2} & \cdots & \omega_{in} \end{bmatrix}^{\mathrm{T}}$ 是第 i 个隐含层神经元与输入层神经元的权重；

隐含层输出矩阵 $\boldsymbol{H} = \{h_{ji}\}$ $(j = 1, \cdots,$ $N; i = 1, \cdots, K)$，$h_{ji} = g(\omega_i \cdot x_j + b_i)$ 表示第 i 个隐含层神经元对于 x_j 的输出向量，其中 b_i 是第 i 个隐含层神经元的阈值；

β 是输出层权重，$\beta = \begin{bmatrix} \beta_1 & \beta_2 & \cdots & \beta_K \end{bmatrix}^{\mathrm{T}}, \beta_i = \begin{bmatrix} \beta_{i1} & \beta_{i2} & \cdots & \beta_{im} \end{bmatrix}^{\mathrm{T}} (i = 1, \cdots, K)$；

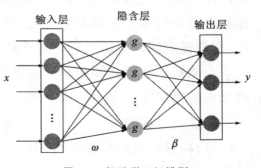

图 6-3 极端学习机模型

Y 是预测输出，$y=\begin{bmatrix} y_1 & y_2 & \cdots & y_N \end{bmatrix}^{\mathrm{T}}$。

给定一个序列 $(x_j, y_j)(j=1,\cdots,N)$，现在要预测 $N+1$ 时刻的数据。根据上述模型，假设输入层神经元数为 N，隐含层神经元数为 K，则可以得到：

$$\sum_{i=1}^{K} \beta_i \cdot g(\omega_i \cdot x_i + b_i) = y_j \qquad (6\text{-}3)$$

此时可以得到 N 个类似式(6-3)的等式，因此，可以用如下的矩阵表示：

$$\boldsymbol{H} \cdot \beta = y \qquad (6\text{-}4)$$

其中，$\boldsymbol{H} = \begin{bmatrix} g(\omega_1 x_1 + b_1) & \cdots & g(\omega_K x_1 + b_K) \\ \vdots & & \vdots \\ g(\omega_1 x_N + b_1) & \cdots & g(\omega_K x_N + b_K) \end{bmatrix}_{N \times K}$

运用极小范数最小二乘解法，可求得

$$\beta = \mathrm{pinv}(\boldsymbol{H}) \cdot y \qquad (6\text{-}5)$$

特别地，当 $\boldsymbol{H}$ 是满秩矩阵时，式(6-6)可以表示成如下形式：

$$\beta = \boldsymbol{H}^{-1} \cdot y \qquad (6\text{-}6)$$

这样，只须根据输入数据求出 $\boldsymbol{H}$ 矩阵，再与 β 相乘，就可以得出预测值 y。然而，极端学习机的输入层权重和隐含层阈值都是随机选取的，相对于传统神经网络算法来说，省略了调整这些参数的步骤，大大减少了学习时间。但是同样也会由此产生一系列的非优或非必要权值问题。并且极端学习机的输出层权重也是根据预设的输入层权重和隐含层阈值计算得出，所以其网络结构中的隐含层神经元数也会比一般的基于参数调整的学习算法要多。这样就会导致极端学习机对未知的测试数据集不敏感。为此，本章采用粒子群优化算法来选取极端学习机的随机权值，优化其网络结构。

粒子群优化算法(PSO)是通过模拟鸟群觅食行为而发展起来的一种基于群体协作的随机搜索算法。相对其他的进化算法来说，粒子群优化算法参数少，操作起来更为简单。其基本思想是，首先通过初始化随机赋予每个粒子一个初始速度，在搜索空间内自由飞行。对于粒子本身所找到的最优解，一般称为个体极值，另一个是整个种群目前找到的最优解，这个极值称为全局极值。粒子通过跟踪这两个极值来更新自己。

其优化过程如下：

(1)种群随机初始化，给予每个粒子一个随机的初始速度和初始的搜索空间位置。

（2）根据式（6-7）、式（6-8）更新每一个粒子的速度和位置。

$$V_{t+1} = wV_t + k_1 n_1 (P_t - X_t) + k_2 n_2 (G_t - X_t) \tag{6-7}$$

$$X_{t+1} = X_t + V_{t+1} \tag{6-8}$$

式中，w 表示惯性权重；k_1 和 k_2 表示学习因子；n_1 和 n_2 表示满足同一分布的随机数，且范围为 $[0,1]$；V_t 和 X_t 分别表示在 t 时刻粒子的速度和位置；P_t 和 G_t 分别表示 t 时刻粒子的个体极值位置和全局极值位置。

（3）根据期望的最优适应函数计算种群内的每一个个体的适应值（fitness value）。种群根据适应值进行复制。

（4）如果终止条件满足的话，就停止，否则转（2）。

根据上述粒子群优化的思想，改进的极端学习机算法步骤如下：

步骤 1　生成一个随机种群。种群中的每一个粒子都由极端学习机的输入层权值和隐含层阈值组成。

$$\Theta = \begin{bmatrix} w_{11} & w_{12} & \cdots & w_{1k}, & w_{21} & w_{22} & \cdots & w_{2k}, \cdots, & w_{n1} & w_{n2} & \cdots & w_{nk}, b_1 & b_2 & \cdots & b_k \end{bmatrix} \tag{6-9}$$

其中所有的 w_{ij} 和 b_j 都是随机选取的，并且都在 $[-1,1]$ 的刻度内。

步骤 2　根据式（6-6）计算每个粒子（一系列初始的 w 和 b）相对应的输出层权重值 β。

步骤 3　计算每个粒子的适应值。在此，本章设定适应函数 E 为其均方根误差 $RMSE$：

$$E = \sqrt{\frac{\sum_{j=1}^{n} \sum_{i=1}^{k} [\beta_i g(w_i \cdot x_j + b_i) - t_j]^2}{m \times n}} \tag{6-10}$$

步骤 4　如果其最小适应值不满足条件，转向步骤 5；否则，跳转到步骤 8。

步骤 5　根据式（6-7）、式（6-8）更新所有粒子的速度和位置。如果速度与位置的比值大于 V_{max}/P_{max} 或者小于 $-V_{max}/-P_{max}$，则应用 V_{max}/P_{max} 或者 $-V_{max}/-P_{max}$。

步骤 6　计算每个新的粒子的适应值。如果第 i 个粒子新的个体极值优于 $P(i)$，则更新其个体极值。如果种群新的全局极值优于 $G(i)$，则更新种群的全局极值。

步骤 7　如果达到迭代的最大步数，转向步骤 8；否则，跳转到步骤 4。

步骤 8　算法结束。

6.3　制造过程质量诊断

随着制造企业生产过程自动化程度的不断提高,生产线上各种自动化设备监控、记录着大量的原始生产工艺数据。这些与生产过程质量密切相关的业务数据真实地反映了企业生产过程质量状况,是企业进行生产过程质量控制与分析活动的重要依据。然而在实际生产质量管理中,由于大量的业务数据散布在各个生产管理子系统中,结构形式各异,导致企业无法有效利用这些宝贵的历史经验数据对过程质量的控制分析提供支持。这样就形成了两种现象:一方面大量的与过程质量相关的业务数据不断积累增加;另一方面对于支持过程质量管理活动的决策信息非常匮乏,特别是制造工艺非常复杂、工序流程很长的产品,其质量影响因素非常多。因此,利用有效的工具从海量的历史业务数据中提取关键过程工艺参数与产品质量之间关系的信息,为过程质量控制活动提供决策支持,是制造企业过程质量管理的目标和未来发展的趋势。

数据挖掘是从大量数据中自动寻找规律的方法,能够智能分析数据间的内在关联,将数据转变为规则,提取未知的、潜在有用的知识,因此非常适合于复杂制造系统的行为建模。本章根据制造企业生产过程质量控制特点和质量分析的需求,提出了过程质量智能诊断模型,分析了异构数据的预处理技术,建立了面向质量控制主题的过程质量信息数据仓库,并对数据仓库的构建方案进行详细研究。在此基础上,评估了数据挖掘技术在质量数据仓库中的应用,运用基于遗传算法(Genetic Algorithms,GA)的关联规则抽取过程质量数据集的质量控制规则集,实现了工艺参数的优化改进和质量故障的智能诊断。

6.3.1　制造过程质量诊断模型

制造质量是产品质量形成最重要的一步,传统的制造质量控制主要是通过打印报表、分析各项生产指标曲线图及统计过程控制图表等来提出相应的改进意见。虽然可以利用SPC等技术来实现对生产制造过程状态的实时监控,以保证过程处于稳定状态。却无法通过这些技术建立生产过程中质量影响因素与输出产品缺陷种类间的非线性关系模型,即不能有效地识别故障类型,诊断故障发生原因及提出消除故障的指导方案。因此一旦过程质量出现波动、生产过程处于失控状态,现场工作人员、质量技术人员及各级管理人员等全员参与,利用集体智慧和经验,找出异常因素,采取措施,消除故障。

在现实情况下,这种救火式的质量控制方法让管理人员疲于奔命,浪费了企业大量的人力物力。由此看来,仅仅对产品生产过程进行监控是不够的,还须对以往出现的失控原因进行总结。将集体的智慧和经验转化为知识,使现场操作人员能够通过工序过程失控模式,找到其失控的原因或因素,并采取纠正措施,以实现控制图的控制闭环。

制造企业生产过程质量智能控制就是利用数据挖掘技术从大量与质量相关的生产历史数据中,抽取关键过程参数与产品质量之间的关联规则知识,识别过程参数对产品质量缺陷的影响模式,然后将得到的规则知识应用到在线过程质量控制活动中,优化关键过程工艺参数,从而实现产品质量的持续改进。

笔者根据制造过程中数据采集方式多样、数据存储形式各异、数据量积累迅速的特点,采用数据仓库和数据挖掘技术,提出了过程质量诊断控制模型,如图 6-4 所示。

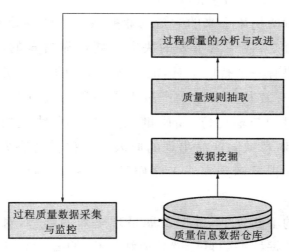

图 6-4　基于数据挖掘的过程质量诊断控制模型

(1)过程质量数据采集与监控

实时在线数据主要通过生产线上自动化设备来采集,离线数据采集则依靠人工在质量信息点的录入。采集与获取生产现场的原始质量业务数据,是进行质量智能诊断控制的前提和基础。

(2)建立面向过程质量控制主题的质量信息数据仓库

由于传统的数据库技术主要是面向应用的,因此很难满足制造企业过程质量控制与分析的要求。在质量智能控制模型中,质量信息数据仓库将处于核心地位。它不仅提供了相关工艺质量设计方案、批量生产特征等相似的历史数据样本,更重要的是提供了过程诊断分析中数据挖掘和知识发现所需的面向质量控制主题的各个多维数据模型。

（3）数据挖掘

在质量信息数据仓库运用数据挖掘技术和方法挖掘产品质量特性与关键工艺参数之间的关联规则,抽取过程质量控制知识。

（4）过程质量的分析与改进

利用挖掘出的质量控制规则和知识,对重要的工艺控制参数进行监控、调整,实现对过程质量的事前控制和持续改进,从而提高产品制造质量水平。

6.3.2　面向数据仓库的知识发现

在企业的实际生产过程中,常常会出现"数据丰富但信息贫乏"的现象。一方面是多年的生产运行所积累下来的大量的业务数据分散各处无法利用;另一方面是决策支持信息的匮乏,决策者重要的决定主要依靠自身的经验和直觉。因此,企业管理者迫切需要有一个智能工具,能够从大量的历史业务数据中提取有用的信息,希望能够充分有效利用实际生产过程中积累的大量业务数据,从生产系统的输入（关键过程参数）与输出（产品质量）之间复杂非线性的关系中抽取两者之间的关联规则,用以解释缺陷产品出现的原因以及提供解决方案。然后将得到的过程质量控制规则知识反馈到在线工序质量控制中,进而优化工艺参数,实现过程质量的持续改进。

随着信息技术的不断发展,数据发展呈现爆炸的趋势,对数据分析工具的需求也越来越强烈。数据挖掘的目标就是要智能化、自动化地将数据转换为有用的信息和知识。数据库知识发现过程主要分为三个部分,如图6-5所示。

（1）数据准备

数据准备一般分为三个步骤:数据选取、预处理和数据转换。首先是根据任务需要从各数据源中抽取需要的目标数据。由于抽取的原始事务型数据库中的数据易受噪声数据、空缺数据和不一致型数据的侵扰,因此数据准备的第二步是对这些数据进行预处理,清除数据的噪声、重复、空缺以及数据类型的转换等,转

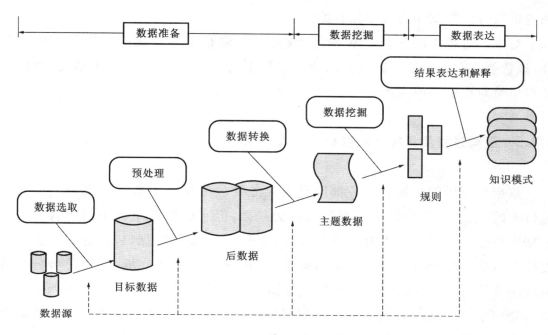

图 6-5　数据库知识发现过程

变成适宜于数据挖掘的数据。最后是根据用户的需求和实际经验,选取真正有用的特征以消减数据维数,方便下一步的数据挖掘。

(2)数据挖掘

数据挖掘(Data Mining,DM)是知识发现中最重要的环节。首先根据实际挖掘任务确定数据挖掘的模式,主要有关联规则发现、分类分析、聚类分析等。其次根据数据的特点和用户的实际需要,选取合适的挖掘算法,主要有人工神经网络、决策树分类技术、模式识别、遗传基因算法等。

(3)结果的表达和解释(数据表达)

根据一定的评估标准从挖掘结果中筛选出对用户有意义的模式知识,并且采用可视化和知识表达技术,把结果转换为用户易懂的另一种表示,如"IF-THEN"规则等。

在数据挖掘过程中,大量的历史数据来源各异,有通过自动化设备采集工艺参数的,也有人工记录的质量缺陷描述,而且大部分是以一种所谓"实体-关系"数据模型形式存储的,存在着如索引数量较少、自由存储空间比例较大、无关数据较多等特点,使得这种数据模型并不适合用作生产过程的智能挖掘。数据挖掘和决策支持所需要的是统一的、高质量的、纯净的和集成的数据,因此,不能简单地在一般的面向应用的操作数据库上进行数据挖掘,而是要建立为数据分析和数据挖掘提供服务的数据集市或数据仓库。

　　对生产过程中的智能挖掘来说,成功的关键在于建立具有高质量的数据集合,该数据集合应围绕工艺决策与质量控制主题,排除对决策无关的数据,提供工艺与质量对象的简明视图。

6.3.3　面向过程质量控制的数据模型

　　数据仓库里的数据是从各部门日常业务处理的事务型数据中抽取并经过提炼得来的,虽然以原来的关系型数据库为基础,但它的组织结构不同于普通关系数据库系统。数据仓库主要由原始数据、基本数据、综合数据(轻度综合数据和高度综合数据)和元数据(Meta Data)等组成,能够提供综合分析、时间趋势分析等辅助决策信息。原始数据是指从各业务操作系统中抽取的数据,经过预处理导入数据仓库中成为基本数据。然后根据时间段、数据属性、内容等进一步从基础数据中提炼整理形成面向某一主题的数据集,称为轻度综合数据,或者叫作数据集市。最后经过数据挖掘得出的就是高度综合数据,这一层数据非常精简,可以直接为决策者提供一定的决策支持服务。元数据是关于数据的数据。它处于数据仓库的上层,记录了系统的数据结构、模型、转换规则以及数据抽取的历史记录等信息。质量信息数据仓库结构如图 6-6 所示。

　　(1)数据源

　　数据源是数据仓库的基础,是整个系统的数据源泉。数据源可能是企业资源计划(ERP)等软件,也可能是异构数据库或其他如 Excel 等应用程序。其抽取的质量数据通常包括产品生产中各种业务处理数据和各类文档数据。如产品设计 PDM 系统中的产品配置和工艺规划信息;供应商管理系统中的零部件质量信息;销售系统中的客户质量反馈信息;生产系统中的质量检验及设备运行状态信息等。各业务系统的操作系统和数据库系统可能是相同的也可能是不同的。

　　(2)数据仓库

　　数据仓库是一个规范化了的数据库,将来自所有数据源的数据集中在一个地方存储,由于各业务系统产生的原始操作型数据结构复杂、数据组织差异大,因此从数据源系统抽取出的数据常常存在格式违规、参照完整性违规、交叉系统匹配违规以及内部一致性违规等现象,此时须通过严格的数据筛选、清洗、转换、编码等预处理手段将数据导入数据仓库。

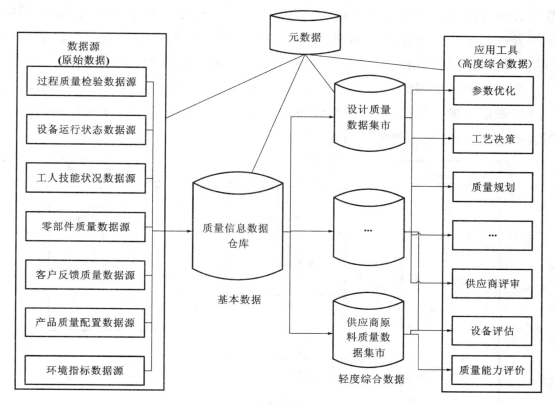

图6-6 质量信息数据仓库结构

（3）数据集市（轻度综合数据）

数据仓库是面向多主题，集成、稳定、反映历史变化的用于支持管理决策的数据集合。数据集市可以看作数据仓库的子集，是一种更小、更集中的数据仓库。最终用户只能从数据集市查询结构中查询数据，而不能直接访问数据仓库。通常数据集市有更少的数据，更小的主题区域，以及适度的粒度来支持特定的应用，是企业实施业务分析的一种更加快捷和廉价的途径。

（4）应用工具（高度综合数据）

应用工具主要包括查询工具、报表工具等，是知识形成的重要阶段。侧重于发现、挖掘数据间隐含的相互关系和模式，最后形成如概念、规则、规律、模式和公式等知识，为企业管理者提供各种决策服务，如工艺决策服务、质量控制服务、生产跟踪服务等。

以整车制造过程控制为例，制造质量数据集市是从多个不同部门的信息系统中，如供应商质量管理系统、产品设计系统、过程质量检验系统等，抽取质量控制相关数据，进行转换，构成面向质量控制主题的星形数据结构。通过数据挖掘工具从大量数据中挖掘出具有规律性的知识,通过可视化工具呈现给决策者,辅助决策者进行质量改进相关的判断。其中最为重要的便是数据集市的逻辑建模环节,它直接面向最终用户的需求,对数据仓库的实施成功与否有着重要的影响。

数据集市的数据结构有多种模型,其中较为常用的是星型模型和雪花模型。此处将采用星形模型,以过程质量诊断主题为例说明质量信息数据仓库中数据模型的构建方法,其核心部分如图 6-7 所示。

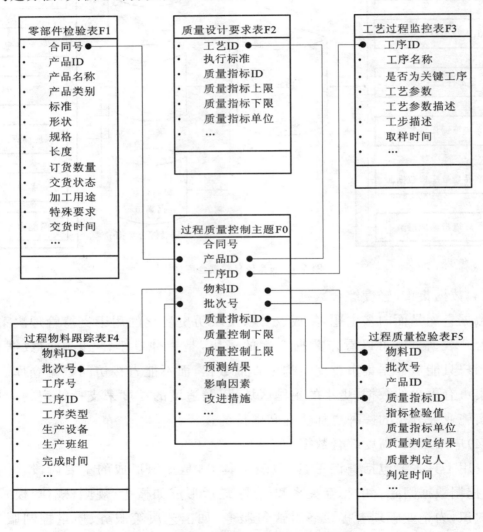

图 6-7　过程质量控制数据集市星形模型

过程质量诊断主题数据模型的数据源分别来自零部件质量、质量设计要求、工艺规程、生产监控和质量检验等数据源,几个主要的数据关系表为:

零部件检验表 F1——从供应商质量管理数据库中抽取原料及零部件质量信

息，如：合同号、产品类别、规格、订货数量、交货状态、加工用途、特殊要求、交货时间等；

质量设计要求表 F2——从产品设计管理系统中抽取与质量特性相关的产品质量规划信息，如：工艺 ID、质量指标 ID、执行标准、质量指标特性值控制界限、质量指标单位等；

工艺过程监控表 F3——从生产管理数据库中抽取与质量控制相关的工艺参数监控信息，如：工序 ID、工序名称、是否为关键工序、工艺参数、工步描述、取样时间等；

过程物料跟踪表 F4——从制造执行系统中抽取生产过程中质量控制相关的设备、班组、环境等的批量信息，如：物料 ID、工序 ID、批次号、完成时间、生产班组等；

过程质量检验表 F5——从标准质量检验系统中抽取过程质量实际检验和判定结果信息，如：物料 ID、批次号、产品 ID、质量指标 ID、指标检验值、质量判定结果、质量判定人、判定时间等。

建立好面向过程质量控制的数据集市后，就可以利用数据挖掘技术对关键质量影响因素与产品质量特性之间的关系进行相关分析。并且根据实际的质量控制需要，进一步修改和完善该数据集市星型模型。

6.4　制造过程的质量信息关联规则挖掘

6.4.1　数据挖掘

数据挖掘是以数据挖掘智能算法为技术手段，在数据仓库的基础上，挖掘数据内在关系模式，抽取关联规则知识。常见的数据挖掘模式主要分为三种类型，分别是关联方法、分类方法和聚类方法。根据这三种方法的质量信息数据挖掘具体如下。

（1）质量分类分析

首先给定类别已经标定的样本数据，对分类模型进行训练建模，形成分类规则，然后利用新发现的分类规则对新的个体数据进行分类识别。在质量管理活动中,通常用于质量缺陷的分类等事先已经划分好类别的数据分类挖掘过程。如预先根据已经分类好的板材质量数据进行训练建模,然后就可以实现板材质量的自动鉴别了。常见的分类算法有:贝叶斯算法、决策树算法和粗糙集算法等。

(2)质量聚类分析

聚类分析首先是输入的一组未标定的数据,根据数据本身的内在属性值将该组数据分成几类,与分类分析过程刚好相反。常用于传统的基于 SPC 的质量控制中,通过聚类分析把不同种类产品按照其自身属性相似程度聚合分成为几类,然后同类别的产品质量数据就可以采用相同的 SPC 控制图进行过程质量的实时监控。聚类算法主要有遗传算法、层次法和划分法等。

(3)质量影响因素关联规则分析

关联规则分析是数据挖掘中最常用的方法,它的主要原理是若两个或多个数据项之间存在某种关联时,它们之间的取值会出现大量重复且概率很高时,通过分析可以建立起这些数据项的关联规则知识。最常用的关联分析方法是 Apriori 算法。

在实际的质量控制和生产决策中,对管理者最有帮助的就是影响因素与质量特性之间的定量关联关系。产品质量的形成与过程生产中很多因素相关,根据"八二原则",没有必要确定所有的质量因素的相互关联。只要能分析确定主要的影响因素,抽取出它们之间的关联规则。将得到的关联关系转换成用户理解的知识进而反馈到生产过程控制活动中,优化工艺参数,从而提高过程质量水平。

因此结合遗传算法理论,提出制造质量影响因素模糊关联规则挖掘模式,如图 6-8 所示。

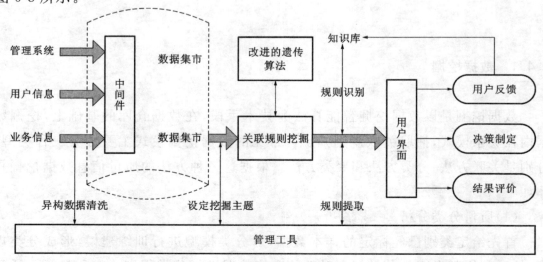

图 6-8　关联规则挖掘模式

　　首先通过中间件从企业其他应用系统中抽取所需要的数据,经过清洗、转换成所需要的数据格式。然后通过管理工具设定挖掘主题进行关联规则的挖掘,其中本节所采用的是改进的遗传算法。挖掘出规则后进行规则的提取和识别,最后客户通过用户界面获取知识进行决策,并且将有用的知识进行反馈,存入知识库中。

6.4.2　关联规则抽取

　　遗传算法起源于对生物系统所进行的计算机模拟研究,是一种基于生物和进化机制的适合复杂系统优化计算自适应概率优化技术。遗传算法是进化算法中产生最早、影响最大、应用也比较广泛的一个研究方向和领域,经过几十年的发展,由于实践中复杂系统优化计算问题的大量出现和算法本身的优点,已成为一个多学科、多领域的重要研究方向。

　　遗传算法是数据挖掘的主要算法之一,作为一种有效的全局并行优化方法,已经被广泛应用于众多领域,它在数据挖掘方面的应用也得到了极大的重视,遗传算法应用于决策树、分类器、模糊规则提取、关联规则发掘等方面,是数据挖掘领域的一个重要的研究课题。主要表现在遗传算法解决的问题以混沌、随机和非线性为典型特性,为其他科学技术无法解决或难以解决的复杂问题提供了新的计算模型。对于大量数据的嘈杂无序的特征,遗传算法有效地解决了此类问题。许多知识的发现问题都可以描述成为搜索问题,数据库可以看作是搜索空间,遗传算法就是模拟自然进化的搜索算法,由于其具有全局性的特征,避免陷入搜索过程中的局部最优解,能在大量的数据规则中进行搜索,挖掘出隐含在数据中的规则,得到人们真正感兴趣、有用的规则。

　　遗传算法主要由染色体编码、初始种群的设定、适应度函数、遗传算子(选择算子、交叉算子、变异算子)等组成。利用遗传算法成功地解决优化问题,每个部分的设计都非常关键。

　　(1)染色体编码

　　由于遗传算法不能直接处理问题空间中的参数,因此需要通过编码将实际问题表示成遗传空间中的基因串型结构数据。它是实际问题与遗传算法建立联系的桥梁。如何进行编码,使之具有合理性、有效性和通用性,是遗传算法首先要考虑的问题。

（2）初始种群的设定

遗传算法中初始种群的个体是随机产生的，一般来说可采用如下策略：

①根据问题的固有知识，设法把握空间中最优值在整个问题空间中的分布趋势，根据此分布趋势来设定初始群体。

②先随机生成一定数目的个体，从中挑取优良个体加入初始种群，不断迭代此过程直到初始种群群体规模达到预先设定的大小。

（3）适应度函数

适应度函数作为衡量群体中个体进化的一个重要指标，反映了个体进化的优良程度，是在遗传算法中对个体进行选择的唯一依据，因而会对算法的效率和性能产生重要的影响。通过群体的进化来实现对优化问题目标函数的寻优，适应度函数的设计要结合具体问题的应用要求而定。

（4）遗传算子

①选择（selection）算子

选择算子又称复制算子，是以一定概率在种群中选择若干个体的过程。选择模拟了达尔文适者生存、优胜劣汰的原则，判断个体优劣的准则是染色体的适应度大小，适应度越大被选中的概率就越大，其在下一代产生的子孙个数就越多。选择在很大程度上决定着遗传算法的收敛速度和收敛效果。

②交叉（crossover）算子

交叉算子又称重组（recombination）算子、配对（breeding）算子，体现了自然界中信息交换的思想。交叉可以把两个个体的优良模式传递到子代中，使子代具有父辈的性能，是遗传算法中最重要的算子，在遗传算法中起着至关重要的全局搜索功能，有效的交叉策略能够保证搜索的速度和质量。

③变异（mutation）算子

变异模拟了生物进化过程的基因突变现象。基本内容是以很小的概率，随机改变遗传基因的操作。当遗传算法陷入局部极值点时，群体的个体有很强的相似性，此时进行交叉运算无济于事，需要对个体进行突然变异。在利用变异算子的局部随机搜索能力加速向最优解收敛的同时，还能够使算法保持种群的多样性，以防止未成熟而过早收敛的现象产生。保证了算法的全局寻优的能力，增强了算法的有效性。变异算子的基本步骤包括两部分：在群体的所有个体码串的范围内，随机地确定基因位；然后，以事先设定的变异概率对这些基因位上的值进行变异。

6.4.3 关联规则抽取算法

（1）分类规则

本节采用易于用户理解的 IF-THEN 模式来表达通过关联规则算法抽取出来的规则：

$$IF[conditions] \quad THEN[class]$$

该规则包含条件（IF 部分，即条件属性）和结论（THEN 部分，即目标属性）两部分。其中条件属性部分就是执行该规则必须满足的先决条件，通常采用逻辑连接符进行连接，如 AND、OR 等。结论是执行该规则所得到的结果。IF-THEN 规则模式可以描述为如下形式：

$$if(V_{1min} \leqslant x_1 \leqslant V_{1max}) \wedge (V_{2min} \leqslant x_2 \leqslant V_{2max}) \wedge \cdots \wedge (V_{nmin} \leqslant x_n \leqslant V_{nmax}) then(y=c)$$

$$(6-11)$$

式中，$(x_1, x_2, \cdots, x_n)$ 是待挖掘数据集市的输入特征向量，V_{imin} 和 V_{imax} 分别是第 i 个输入特征的左右边界值，y 表示关联类结果，c 是类标签值。

（2）编码方案

染色体个体由一系列的基因排列组成，其排列顺序对应为数据集中相应输入特征的排列顺序。每个基因都包含变量码 V 和附加码 S 两个部分代码，其中附加码 S 表示该基因是否处于激活状态，如果值为 1 表示该基因呈显性表达，相应的条件将会出现在该规则中，如为 0 则该基因处于隐性表达，该属性从规则中被移除。尽管每个染色体的长度相同，但由于每个基因均存在着显性与隐性的区别（附加码取值的不同），因此，虽然每个染色体具有相同的长度，但是每条规则却能拥有不同的条件数。一个关联规则的产生的条件数由 GA 挖掘方法自动调整。图 6-9 表示编码规则，其中 n 是参与规则挖掘的属性总数。

	gene 1		···	gene n	
附加码	S_1		···	S_n	
变量码	V_{1min}	V_{1max}	···	V_{nmin}	V_{nmax}

图 6-9　关联规则的染色体结构

（3）适应度函数

适应度函数（fitness function）是衡量群体中个体进化的一个重要指标，反映了个体进化的优良程度,优良的个体将获得较大适应度。并且 GA 在搜索过程中对个体进行选取的唯一标准就是适应度函数,所以适应度函数的设计将对算法产生重要影响。因此应该根据具体的问题具体分析,并且要选择合适的适应度函数。

关联规则中最重要的两个参数分别是支持度和置信度。其中支持度反映了关联规则出现的普遍程度,衡量其重要性;置信度则是对关联规则准确度的衡量,说明关联规则成立的必然程度。鉴于关联规则的此项特性,使用式(6-12)作为其适应度函数。

$$F(x) = \omega S(x) + \mu C(x) \tag{6-12}$$

式中,$S(x)$ 代表规则的支持度;$C(x)$ 代表规则的置信度;ω 和 μ 是权重,取值范围 $(0,1]$,这样可以通过调节 ω 和 μ 的值,灵活地控制进化过程,使其沿着用户期望的方向进行(偏于支持度还是置信度)。

(4)遗传操作设计

遗传算法使用遗传算子作用于群体中,通过父代染色体基因的选择、交叉、变异操作,从而得到新一代群体。

①选择算子:采用轮盘赌的方法,将个体适应度与总适应度的比值作为选择概率。

②交叉算子:采用单点交叉算子,即交叉操作只能在两个父个体的一些对应的位子上进行,如图 6-10 所示。这样交叉操作既能产生新的个体又不会破坏基因,因而保证了基因的完整性。

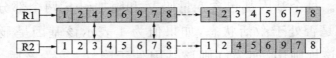

图 6-10　基于位置的交叉运算

③变异算子:只采用基因激活策略。如果一个基因被选中进行变异,则仅仅进行附加码的 0 和 1 变异。

④选优算子:为了提高 GA 的搜索效率,提出增设选优算子操作,把当前群体中适应度高于上一代群体平均适应度的个体优选出来进行下一代进化,同时从初始群体里选取适应度较好的个体也进行下一代进化。

6.4.4　关联规则抽取步骤

步骤 1　初始化。根据挖掘任务建立模型,进行编码,并对训练数据集 X 的每个输入特征执行归一化处理。随机生成一个初始种群$(x_1, x_2, \cdots, x_n)$，n为初始种群中个体的数量。

步骤 2　设置模型参数，如支持度阈值$S(x)$、置信度阈值$C(x)$、交叉率、变异率以及适应度函数中的两个权重值ω和μ等。

步骤 3　判别算法终止条件。若到达迭代次数，算法结束，否则转步骤 4。

步骤 4　个体适应度的计算。计算当前群体中所有个体的适应值。

步骤 5　最优保存策略。获取当代最优个体，若当代最优个体优于全局最优个体，则用当代最优个体替换全局最优个体。

步骤 6　选择操作。按照一定的概率，从当前群体中随机选择两个个体（i和j），计算其适应度，将适应度大的个体保留至下一代。

步骤 7　交叉操作。选择种群中的第i个体与第j个体以一定的交叉概率进行交叉操作，形成子代。

步骤 8　变异操作。以一定的概率选择种群中的个体进行变异，变异点随机指定。在变异时必须要保证变异后该基因位上条件属性满足要求，同时又要保证对于整个染色体而言，满足约束条件。

步骤 9　形成下一代群体，转步骤 3。

6.5　制造过程质量控制绩效评价

随着信息技术和网络技术的迅猛发展，许多新的生产质量管理方法在制造工业中得到了广泛的应用。一个制造系统可以看作是一个将输入转换为输出的过程。输入是指各种资源的投入，如劳动力、资金、原材料以及生产设备等。输出是指与过程产出有关的特性，包括产品质量水平、产量、系统运转状态等。持续过程质量改进的目的是逐步减少过程波动和完成时间，即生产过程的一致性和高效性。人们可以通过使用各种过程质量改进工具逐步达到质量的最高目标——零错误，零缺陷。

在过程质量的持续改进中，管理者必须综合了解各制造工序的综合性能，即投入与产出的关系，才能做出质量改进决策。传统的仅仅根据过程质量的合格率一个指标进行评价的方法无法全面反映出生产单元的过程质量控制效率，也无法给出相应的改进方案。因此，有必要将过程质量管理评价扩展为过程质量控制效率的综合评价,从而采取更有效的措施实施过程质量的持续改进。

6.5.1　问题描述

　　企业质量管理者在其质量管理活动中常常会碰到这样的问题:经过一段时间之后,需要对具有相同类型的小组或部门(称为决策单元)的质量控制效率进行评价,其目的是对生产质量控制进行有效决策。然而,传统的过程质量控制评价往往只是根据生产合格率的高低来衡量一个小组或部门的质量控制效率。由于制造企业的组织规模大、生产工序多、生产过程复杂,如果只是一味地追求质量而忽视其经济性,其投入巨大,必然会造成资源的浪费。

　　任何产品制造过程的持续,均可以看作是在一定的生产系统下,通过投入一定数量的生产要素(如资源、能源、劳动等)并产出一定数量和质量的产品的活动,并且这样的活动受到一系列决策(如工艺规划、过程控制等)的影响。对产品的制造过程质量控制效率进行评价,就是把这种由一系列决策确定的具体的制造过程视为决策单元,决策单元的特点是具有一定的输入与输出,并对输入转化为输出的过程中的效率进行评价。即希望以最低生产投入获得高生产率和高加工质量的产品。

　　生产过程中影响过程质量控制效率的因素很多,对生产过程质量控制效率的评价是多输入多输出指标的综合评价问题。设需要评价的制造过程有 m 种输入,s 种输出,现在取 n 组制造过程数据构成参考集 T,各参考制造过程的输入、输出向量分别为

$$\left.\begin{array}{l} \boldsymbol{x}_i = (x_{1i}, x_{2i}, \cdots, x_{mi})^{\mathrm{T}} > 0 \\ \boldsymbol{y}_i = (y_{1i}, y_{2i}, \cdots, y_{si})^{\mathrm{T}} > 0 \\ T = \{(x_i, y_i) \mid i = 1, 2, \cdots, n\} \end{array}\right\} \qquad (6\text{-}13)$$

其中,输入数据是指决策单元在过程质量控制活动中的投入,如投入的劳动力数、设备、原材料等;输出数据是决策单元经过一定的生产过程后,表现过程质量控制效率的某些信息量,例如产品的质量、产量、客户满意度等。根据输入输出数据定量地评价同类型生产组织间的质量控制相对有效性。因此制造企业过程质量控制效率评价是一个多输入/多输出的有效性综合评价问题。

6.5.2　指标体系

　　制造企业过程质量控制效率评价指标体系反映过程质量控制效率评价的目

标要求,建立科学的评价指标体系是过程质量控制效率评价的基础和前提。在过程质量控制效率的 DEA 评价指标体系设计过程中,不仅要考虑到评价指标体系设计的一般性原则(可操作性、可比性、全面性、科学性等),还要考虑到实际 DEA 评价任务的特殊要求。

管理者关心的是过程质量控制绩效,而不仅仅是合格率,有必要把投入产出的经济因素以及客户对于质量的满意度因素结合起来。因此,根据制造企业过程质量控制效率评价目标,将过程质量评价的输入和输出指标分为成本(投入)、质量水平(产出)和生产量(产出)3 个方面。并根据案例企业的实际情况,将人员、设备、材料等因素的投入情况作为输入指标进行考虑,而方法、测量以及环境等影响因素对于每一个评价单元来说是相同的,因此在本章中不作考虑。另外随着全面质量管理模式广泛的发展,客户对于产品质量的满意度也成为反映评价过程质量控制效率的重要指标。此处,将生产投入指标作为输入,将生产产出、质量水平和客户满意度定为输出指标,建立制造企业过程质量控制效率评价指标体系,如图 6-11 所示。

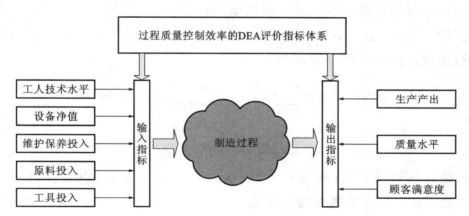

图 6-11　过程质量控制效率评价指标体系

各项输入输出指标的描述及其取值如表 6-1 所示。

表 6-1　过程质量控制效率评价指标描述

	指标	描述	取值
输入	工人技术水平:X1	工人技术水平越高,则工资越高	工人等级工资(千元)
	设备净值:X2	越高级的生产设备,投入量越大	设备现值(万元)
	维护保养投入:X3	维修和保养严重影响生产率和质量水平	设备维护费用(千元)
	工具投入:X4	刀具、夹具等辅助工具的投入	工具折旧费用(千元)
	原料投入:X5	原料投入越多,成本越高	报废率(%)

续表 6-1

	指标	描述	取值
	生产产出:Y1	过程产出的进度指标	生产量(个)
输出	质量水平:Y2	过程质量的主要指标	FTQ(%)
	顾客满意度:Y3	顾客对产品质量的满意度	质量客户评审值

6.5.3　评价方法

在综合评价过程中,由于不同的评价方法会对评价结果产生不同的影响,因此需要根据实际评价任务的目的和评价对象的特征选择不同的评价方法。目前广泛运用的综合评价方法有很多,主要方法有:多目标评价、层次分析法、TOPSIS法、数据包络分析法等。

(1)多目标评价(Multi-Objective Evaluation,MOE)

多目标评价是评价领域最重要的模型,很多其他评价方法都是在它的基础上衍生出来的。MOE是为多于一个设计目标同时要在多个方案属性间进行平衡的问题进行建模。用数学模型表示为:

$$U(t_1,t_2,\cdots,t_n)=\sum_{i=1}^{n}k_iu_i(t_i)+\sum_{i=1}^{n}\sum_{j=1}^{n}k_{ij}u_i(t_i)u_j(t_j)+ \tag{6-14}$$
$$\sum_{i=1}^{n}\sum_{j=1}^{n}\sum_{h=1}^{n}k_{ijh}u_i(t_i)u_j(t_j)u_h(t_h)+\cdots$$

其中,u_i 是 t_i 的效用方程;属性 $t_1,t_2,\cdots,t_n,n>2$;k 是常数,当且仅当 $t_i(i=1,2,\cdots,n)$ 效用独立于其他属性时方程成立。

若各属性是独立可加时,式(6-14)可以表示为:

$$U(t_1,t_2,\cdots,t_n)=\sum_{i=1}^{n}k_iu_i(t_i) \tag{6-15}$$

多目标分析法的一般步骤:

①定义问题;

②构造目标;

③生成可选方案;

④考虑方案的可能结果;

⑤在确定性和不确定性的情况下进行目标的均衡;

⑥考虑风险;

⑦选取具有最高值的方案。

（2）层次分析法（Analytical Hierarchy Process，AHP）

AHP 是一种将定性分析和定量分析有效结合的系统分析方法。它通过将问题分解为不同的层次和要素，构建多层次的分析模型。并在每一层中对各要素进行两两对比，建立判断矩阵，计算权重，从而得到不同方案的比较权重。

层次分析法的步骤：

①建立评价对象的层次分析结构；

②构造各层次判断矩阵；

③各层次单排序和一致性检验；

④层次总排序，获取决策信息。

（3）TOPSIS（Technique for Order Preference by Similarity to an Ideal Solution）法

TOPSIS 法通过归一化后的数据规范化矩阵，找出多个目标中最优目标（理想解）和最劣目标（负理想解），然后根据有限个评价对象与理想化目标的接近程度进行排序。若评价对象最靠近最劣目标同时又离最优目标最远，则为最差；反之最优。

TOPSIS 法的步骤：

①首先邀请专家对评价指标进行打分，建立特征矩阵。然后通过计算权重规范化值，构建权重规范化矩阵。

②根据权重规范化值确定理想解和负理想解。

③通过 n 维欧几里得距离来计算每个目标到理想解和负理想解的距离。

④计算每个评价目标与理想解的贴近程度。

⑤根据与理想解的贴近度大小进行排序。

（4）数据包络分析（Data Envelopment Analysis，DEA）法

DEA 法通过构建有效前沿面来评估决策单元的相对有效性，并据此将各决策单元（Decision making Unit，DMU）进行排序，确定有效的（即相对有效性高的）DMU，并指出 DMU 非有效的原因和程度。

DEA 法的步骤：

步骤 1　确定 DEA 评价模型输入输出指标。对于汽车生产过程质量控制的效率评价问题而言，可以将各类资源（成本）投入与各种收益（质量）的产出值作为输入输出指标。

步骤 2　选择合适的 DMU。选择的对象应具有相同类型的目标、任务、外部环境等。在汽车生产过程中，同一个车间内的各生产单元有着相同的成本输入与

收益输出,因此可以将各个生产单元看作 DEA 评价模型中的 DMU。

步骤 3　根据相关的统计数据结果,建立过程质量控制成本输入向量集和过程质量控制收益输出向量集。

步骤 4　选定评价模型。根据问题的背景和评价任务的需要,选择合适的 DEA 评价模型。

步骤 5　根据选定的 DEA 评价模型计算各个 DMU 的相对效率值 θ,判断其是否有效。分析无效 DMU 无效的原因,结合制造企业生产实际情况,提供改进方案。

在上述方法中,MOE 存在评价时难以获得评价对象的效用方程的问题,而 AHP 和 TOPSIS 法都需要邀请专家对权重进行打分,具有一定的主观性。对于具有多投入多产出特点的生产过程质量控制效率客观定量分析与评价问题,DEA 法具有以下几点优势:

①DEA 法是一种非参数方法,无须事先确定评价单元多个输入输出指标之间的函数关系表达式,具有很强的客观性,很好地解决了复杂非线性关系建模这一难题,使得 DEA 法非常适用于输入输出指标间关系未知或不确定的情况,如生产过程质量控制的评价。

②DEA 作为一种客观的多指标决策方法,它是以各 DMU 的输入输出权重为变量进行评价。通过实际数据的计算求得的最优权重,无须人为设定,减少了主观因素的影响。

③企业生产过程质量控制效率的评价往往须考虑多个方面影响因素指标,并且这些指标的量纲常常是不统一的,这也是传统评价方法的难点。DEA 方法对每个 DMU 的输入、输出指标的量纲没有限制。既可以是实际参数指标(费用、产量等),也可以是抽象指标(类型、比率等),只要被评估的对象均使用相同的计量单元即可。因此,特别适合处理负责系统的多投入多产出评价问题。

④DEA 是以所有的参加评估的 DMU 中的有效 DMU 集作为改进方向的有效前沿面,是一种内在生成的参照,排除了由于统计误差等因素对有效前沿面的影响,使得改进方法变得更加可行和实际。

⑤DEA 方法不仅可以通过计算相对有效值来实现对每个 DMU 的排序,还可以利用其在有效前沿面上投影距离的偏差诊断 DEA 无效的原因,并提供质量决策改进方向。如在原投入不变的情况下,某产出可以增加多少;或者是保持产出不变,某投入可以减少多少等。DEA 方法可以对整车制造企业生产过程质量控

制效率的评价结果进行分析,指出具体的改进方向和改进目标值。

6.5.4 实例分析

自从 Charness、CooPor 和 Rhodes 在 1978 年提出数据包络分析(DEA)方法后,该方法在企业和组织的管理绩效评价中得到了广泛的运用。DEA 方法是一种基于线性规划的多 DMU 相对有效性评价技术。其基本思路是将每一个评价对象看作是一个 DMU,首先在各 DMU 的输入和输出不变的情况下,构建一个有效前沿面。然后通过计算每个 DMU 在有效前沿面上的投影距离衡量其相对有效性。

设有 n 个评价对象,每个评价对象被称为一个决策单元 DMU_i,$i=1,2,\cdots,n$。每个 DMU_i 的输入向量和输出向量分别表示为 $\boldsymbol{X}_i$ 和 $\boldsymbol{Y}_i$,其中第 i 个决策单元 DMU_i 的输入指标表示为 $x_i=(x_{1i},x_{2i},\cdots,x_{mi})^{\mathrm{T}}$,输出指标表示为 $y_i=(y_{1i},y_{2i},\cdots,y_{si})^{\mathrm{T}}$,其中 m 为输入指标数目,s 为输出指标数目。其生产可能集为:

$$T = \left\{(x,y)\ \middle|\ \sum_{j=1}^{n}\mu_j x_j \leqslant x,\ \sum_{j=1}^{n}\omega_j y_j \geqslant y, \mu_j \geqslant 0, \omega_j \geqslant 0, j=1,2,\cdots,n\right\}$$

$$(6\text{-}16)$$

则任一决策单元 DMU_k 的效率评价指数为:

$$E_k = \frac{\sum_{i=1}^{s}\omega_i y_{ik}}{\sum_{i=1}^{m}\mu_i x_{ik}} \qquad (6\text{-}17)$$

其中,x_{ik}、y_{ik} 分别表示为第 k 个 DMU 的第 i 个输入输出指标值;ω_i 和 μ_i 是其权系数;E_k 为第 k 个 DMU 的相对效率值。对 DMU_k 的效率评价指数求极大值,可得线性优化模型:

$$\text{Max} \quad \boldsymbol{\omega}^{\mathrm{T}}\boldsymbol{Y}_k$$
$$\text{s. t.} \begin{cases} \boldsymbol{\mu}^{\mathrm{T}}\boldsymbol{X}_i - \boldsymbol{\omega}^{\mathrm{T}}\boldsymbol{Y}_i \geqslant 0, i=1,2,\cdots,n \\ \boldsymbol{\mu}^{\mathrm{T}}\boldsymbol{X}_k = 1 \\ \boldsymbol{\mu} \geqslant 0, \boldsymbol{\omega} \geqslant 0 \end{cases} \qquad (6\text{-}18)$$

其中,$\boldsymbol{\mu}$ 和 $\boldsymbol{\omega}$ 分别表示输入、输出的权重向量。

经过线性对偶转换,带有非阿基米德无穷小以及松弛变量的 C^2R 模型为:

$$\text{Min} \quad \theta - \varepsilon\left(\sum_{i=1}^{m} s_i^- + \sum_{i=1}^{s} s_i^+\right)$$

$$\text{s. t.}\begin{cases} \sum_{i=1}^{n}\lambda_i \boldsymbol{X}_i + S^- = \theta \cdot \boldsymbol{X}_k \\ \sum_{i=1}^{n}\lambda_i \boldsymbol{Y}_i - S^+ = \boldsymbol{Y}_k \\ \lambda_i \geqslant 0, \quad i = 1, 2, \cdots, n \\ S^- \geqslant 0 \\ S^+ \geqslant 0 \end{cases} \tag{6-19}$$

其中，ε 为非阿基米德无穷小量，一般取 $\varepsilon = 10^{-3} \sim 10^{-6}$；$S^-$ 和 S^+ 是松弛因子，分别表示投入的超出量和产出的不足量；λ_i 表示该决策单元的有效参照集。

设其最优解为 θ_0、S_0^-、S_0^+，则有：

(1)若 $\theta_0 < 1$，则称决策单元 DMU_{i0} 为技术无效。其含义为：即使对投入分量进行同比例减少，仍可以保持原有水平产出的不变。

(2)若 $\theta_0 = 1$ 且 $S_0^- = 0$，$S_0^+ = 0$，则称决策单元 DMU_{i0} 为 DEA 技术有效，其含义为：在原投入 X_0 的基础上获得的产出 Y_0 已达到最优。

(3)若 $\theta_0 = 1$ 且 $S_0^- \neq S_0^+ \neq 0$，则称决策单元 DMU_{i0} 为 DEA 弱技术有效，其含义为：当投入指标 X_0 可以减少 S^- 时，原产出 Y_0 仍可保持不变；或在投入指标 X_0 保持不变的情况下，可将产出 Y_0 提高 S^+。

当在 C^2R 模型中加入约束条件 $\sum_{i=1}^{n}\lambda_i = 1$ 时，C^2R 模型就变成了一个规模收益可变的 C^2RS^2 模型。

$$\text{Min} \quad \theta - \varepsilon\left(\sum_{i=1}^{m} s_i^- + \sum_{i=1}^{s} s_i^+\right)$$

$$\text{s. t.}\begin{cases} \sum_{i=1}^{n}\lambda_i \boldsymbol{X}_i + S^- = \theta \cdot \boldsymbol{X}_0 \\ \sum_{i=1}^{n}\lambda_i \boldsymbol{Y}_i - S^+ = \boldsymbol{Y}_0 \\ \sum_{i=1}^{n}\lambda_i = 1 \\ S^- \geqslant 0 \\ S^+ \geqslant 0 \\ \lambda_i \geqslant 0 \end{cases} \tag{6-20}$$

C^2RS^2 模型主要用来评价技术的有效性。如果对某一决策单元进行评价时，C^2RS^2 评价有效而 C^2R 评价无效，则表明该单元是技术有效、规模无效的。

DEA 是一种基于对决策单元的相对效率进行评价而建立的分析方法。其特点是排除了主观性因素的影响，既无须事先确定各输入输出指标之间的权重，又无须确定其相互之间的函数表达式。而且 DEA 作为一种非参数的统计分析方法，也无须统一量纲。因此，DEA 方法非常适合复杂制造过程质量控制效率的评价问题，它不仅能够区分各个决策单元的相对有效性，还能指出无效单元改进的方向。

由于过程质量控制效率评价的目的在于对同类型组织过程质量控制效率的比较，因此，选用 C^2R 模型进行求解。但是由于 C^2R 模型只能对 DMU 是否有效进行判断，当两个或多个 DMU 同时有效时，无法进行排序。为解决这个问题，采用 Andersen 等人提出的 C^2R 修正模型对决策单元的综合有效性进行排序。其模型可表示为：

$$\text{Min} \quad \theta - \varepsilon \left(\sum_{i=1}^{m} s_i^- + \sum_{i=1}^{s} s_i^+ \right)$$

$$\text{s. t.} \begin{cases} \sum_{i=1}^{n} \lambda_i \boldsymbol{X}_i + S^- = \theta \cdot \boldsymbol{X}_0 \\ \sum_{i=1}^{n} \lambda_i \boldsymbol{Y}_i - S^+ = \boldsymbol{Y}_0 \\ \lambda_i \geqslant 0, \quad i = 1, 2, \cdots, n \\ S^- \geqslant 0 \\ S^+ \geqslant 0 \end{cases} \quad (6\text{-}21)$$

它的区别在于：当对 DMU_k 进行有效性评价时，将不考虑 DMU_k 作为参照集的成员，这样 θ 就度量了 DMU_k 到新生产的有效前沿面的距离，距离越远则 DMU_k 的相对有效性越好。令模型的最优解为 θ^*、λ_i^*、s_i^{-*}、s_i^{+*}，则可以进行如下调整：令 $x'_0 = \theta^* - S^{-*}$，$y'_0 = y_0 + S^{+*}$，则 (x'_0, y'_0) 为 (x_0, y_0) 在有效前沿面上的投影，使得原来无效的 DMU 变得有效。这就是进行效率改进的理论基础。

在实际生产中，除了通过计算效率值 θ，对各生产单元投入产出的相对有效性进行排序外，还须分析找出对系统整体效率影响最大的因素指标，诊断生产单元相对于同类的优势和劣势所在，进而对质量管理活动提供合理的改进方案，有助于生产过程质量的持续改进。

为了进一步分析生产过程中各输入指标影响因素对系统的影响程度,有学者提出了一种复合 DEA 方法。该方法通过获取不同的指标因素变化对 DEA 有效值的影响,诊断评价单元无效的主要原因,其基本思路如下:

首先利用 DEA 模型求得各 DMU 的相对效率值,以向量的形式表示,记为:

$$\theta(D) = \{\theta_1(D), \cdots, \theta_n(D)\}$$

令 $D \supset D_i (i=1,2,\cdots,m)$,其中 D_i 表示 m 个由 D 中部分指标组成的不同的子指标集,则利用 DEA 模型在 D_i 指标下求得的评价单元效率值为:

$$\theta(D_i) = \{\theta_1(D_i), \cdots, \theta_n(D_i)\} \quad i=1,2,\cdots,m \tag{6-22}$$

当在 D 指标下评价单元 k 非 DEA 有效($\theta_k(D)<1$)时,定义

$$S_i = \frac{[\theta_k(D) - \theta_k(D_i)]}{\theta_k(D_i)}, \quad i=1,2,\cdots,m \tag{6-23}$$

求得 $S_1, S_2, \cdots, S_m$,令 $S_j = \max(S_1, S_2, \cdots, S_m)$

则表明 DMU_k 在第 j 个输入指标上相对其他单元来说具有优势。这时可以通过求得评价单元在 DEA 相对有效面上的投影,判断该指标对应的投入是过大还是利用率过低,从而提供决策信息实现无效 DMU 的改进。

令 x^*, y^* 表示 DMU_k 在 DEA 相对有效面上的投影,则

$$x^* = \theta x_k - S^-$$
$$y^* = y_k + S^+ \tag{6-24}$$

其中,S^- 和 S^+ 分别是 DEA 模型中输入和输出指标的松弛变量,上式提供了评价单元改进的方向。

7 质量信息集成管理

在信息时代,信息作为一种资源,其地位已经上升到与人力、财力、物力一样,同为企业的重要资源,而其中的质量信息在客户更加重视质量的今天尤为重要。质量信息是进行质量决策和质量控制,制订质量计划和措施的重要依据,将直接对产品质量造成影响,因而是一项重要的资源。质量信息一般是伴随着产品质量形成过程和企业质量管理活动而产生的数据、资料和知识,与生产制造过程和企业管理活动的各个环节密不可分。

根据质量的定义"一组固有特性满足要求的程度",可以得出这样的结论:这些"特性"必须要以某种形式表述,这些"形式"显然是质量信息,当然这样还不够,ISO9000指出,质量信息是指反映质量动态和质量要求的数据、情报、指标、标准、信息、资料、图表、报告、指令等。对企业而言,信息记录着人和物的状况,控制着人和物的数量、方向、速度、目标,驾驭着人和物进行有目的、有规则的活动,而企业的质量管理活动,概括地说其实质就是围绕人、物和信息的运动和转换而展开,其中的信息是纽带,是企业管理的核心基础。

7.1 质量信息管理内涵

质量信息(Quality Information,QI),指的是在企业的生产经营活动和产品的整个生命周期中与质量相关的信息,是在形成质量的全过程中所产生的各种有用的数据、资料和知识。它是产品在设计、制造、检验、销售、使用过程中产品质量和工作质量特征的反映,是改善产品性能、满足用户适用性需求和改进提高产品质量的重要依据,同时也是企业决策层做出决策的重要依据。为此,在企业质量形成的全过程中须及时而有序地掌握各种质量信息并对它进行管理,对质量信息进行有效的识别、理解、获取、传递、存贮、处理、再生、施效管理是一项有意义且重要的工作，也是增强企业的素质和竞争能力的重要途径。

质量信息所包含的内容可以从广义和狭义上来考虑。

(1)从狭义上看，质量信息是指最终产品以及产品形成过程中的有关质量信息，它涉及整个产品的生命周期，包括产品的设计、制造、检验、销售等阶段。这些质量信息为产品质量的生产和管理工作提供了保障。它包括静态信息和动态信息两种。

静态信息主要是指最终产品的质量和质量活动中的各种规章制度；动态信息则是质量形成过程中随着产品的加工而随时间不断变化的信息。狭义上的质量信息在空间上局限于企业内部，在深度上仅仅是质量生产和质量保障活动本身。

(2)从广义上看，质量信息不仅仅局限于产品本身及生产过程中。费根堡姆博士曾指出企业的质量数据应该包含三个方面的内容：

● 以质量成本表示的经济数据；
● 客户对产品满意的相关数据；
● 反映质量水平的有关工程、生产、检验、试验等方面的数据。

现代的质量信息更是渗透到了企业管理中的各个方面，涉及企业的工作流程、企业的组织结构、企业的文化、企业的人力资源管理等。同时，质量的形成与质量的保障和管理也不仅仅是一个企业的事情，从供应商、制造商、销售商到最终客户，质量活动贯穿于整个供应链的各个环节。质量信息遍布于市场信息、客户满意度、供应商的质量保障能力、物流信息当中。广义上的质量信息为我们展现了一个企业管理沿供应链向外部延伸扩展的大信息系统。因此，必须对广义上的质量信息进行有效的集成研究。

7.2　制造企业质量信息管理模式

7.2.1　流程化管理

流程管理(Process Management，PM)是一种以规范化地构造端到端的卓越业务流程为中心，以持续地提高组织业务绩效为目的的系统化方法。通俗地说，就是按照"流"的连续、通畅、简捷原则对流程中的各个活动和环节进行紧密衔接、贯通、有机组合或集成，使之更快捷更有效率；也就是让相关的要素能够按照既定或者持续改进的程序化方式进行流动。

实际上，流程管理是一种管理过程和系统化方法，它以规范化地构造卓越业务流程为核心，以持续地提高组织绩效为目的，本身包含着并同时体现为丰富的技术和工具；其关键词是流程规范化、系统化、持续性。根据流程管理的过程，将流程管理的实施分为流程建模、流程分析、流程实施和流程评价四个模块，如图 7-1 所示。

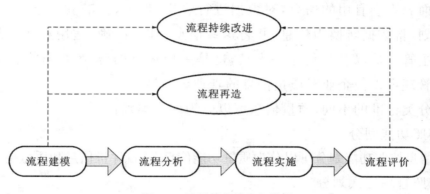

图 7-1　流程管理的一般模型

由于流程制造中物料的变动性强，工艺流程的制约变量多，其在生产、物流管理上与离散行业的差异显著。从原料需求的判断，到物料采购，生产车间管理，成品加工、检验，以及仓储、物流等各个环节所呈现出的不确定性，导致了整个流程的管理所受制约变量增多，所以流程管理的重要性在制造业就显得尤为突出。制造企业的信息化建设，核心就是流程管理。要想长期获利，就必须在生产控制环节上下功夫，抓好流程管理。

流程管理作为现代企业管理的先进思想和有效工具，随着市场环境与组织模式的变化，在以计算机网络为基础的现代社会信息化背景下越发显示出其威力和效用，原有的以控制、塔式组织为基础的职能行政管理已经不能满足现代企业发展和市场竞争的需要。

管理的发展沿着分工理论运行了上百年后，现在又重新回归到整合与系统。流程管理不仅是一种管理技术，更体现了现代管理的思想，其内涵至少包含以下方面：组织的扁平化；充分的信任与授权；员工自我管理；信息共享；管理者的角色创新；基于价值增值管理的绩效测定与考核体系；充分利用信息化管理手段。在社会信息化背景下，流程管理作为现代企业管理的先进思想和有效工具，随着市场环境与组织模式的变化,越发显示出其威力和效用。

7.2.2 分级管理

随着全面质量管理的深入发展,质量信息已成海量,如何充分地利用好这些质量信息已迫在眉睫。在企业的质量管理活动中,会产生大量的质量信息,这些信息存在于各种资料、图表、数据、报告和情报中,它们集中反映了质量管理活动的方方面面。识别有用的信息,对数据进行收集、加工、存贮和检索,对信息的传递加以计划,将数据转换为信息,并将这些信息及时、准确、适用和经济地提供给组织各级主管人员以及其他相关人员,这是一项艰巨的、浩繁的任务。对质量信息的分类管理可以使企业对质量信息的管理更加易行。

按照分类标准的不同,质量信息可以分为许多类别:

● 按照功能划分

质量信息按照功能划分可以分为质量功能信息、质量评价信息和质量指令信息。

● 按照管理层次划分

企业管理是有一定层次的,在每一个层次上企业管理活动的内容是不同的,所关注的目标也是不一样的。按照管理层次质量信息可以划分为决策层信息、管理层信息和执行层信息。

● 按照信息来源划分

按照信息来源可以分为供应商的质量信息、企业内部质量信息和客户的质量信息。

企业制订质量方针目标、质量计划,开展质量评审、质量改进和处理各种质量问题时,要做大量的预测和决策,这需要不断收集、积累各种质量数据,通过分类管理并提供各种查询手段,能及时向各类人员提供所需的质量信息,最重要的是为决策者提供必要的决策信息。

7.2.3 可视化管理

可视化管理(Visual Management,VM)是指利用 IT 系统,让管理者有效掌握企业信息,实现管理上的透明化与可视化,这样管理效果可以渗透到企业人力资源、供应链、客户管理等各个环节。可视化管理能让企业的流程更加直观,使企业内部的信息实现可视化,并能得到更有效的传达,从而实现管理的透明化。

可视化管理最初运用在企业现场管理中,帮助人们快速感知现场现物的正常与异常状态,但在实际工作过程中人们发现:将可视化管理运用到全面质量管理中,对提高质量控制水平,减少因人为失误或遗漏造成的产品质量问题效果显著。

全面质量管理作为一种管理模式,已经在全世界范围内获得了广泛应用,并已形成了一套成熟的理论基础和操作模式;而可视化管理则是以6S管理为基础,是在整理、整顿、清洁、清扫、安全活动结束后,通过人的五感感知、判断现场现物正常与否的一种管理方法。可以说,可视化管理与全面质量管理一样,都是以全员参与为基础,发动全员的力量进行过程控制的管理模式。

因此,作为产品生产制造车间,在推行可视化管理的过程中,一定要坚持全员参与的原则,将可视化管理有机地融入全面质量管理中,成为全面质量管理的一个重要辅助工具。

其次,可视化管理应围绕着控制产品质量开展。

质量就是产品过程或服务所具备的满足客户明示或隐含需要的特征或特性的总和。产品,根据其被制造加工的程度可分"在制品"和"成品",而无论是"在制品"或是"成品"均可能存在三种质量状态——合格、不合格、待处理。因此如何能一目了然地判断产品的质量状态,迅速掌握产品质量情况,进行事先预防并及时采取相应措施,减少人为失误和遗漏造成的产品质量问题,减少物料、时间的浪费,就成为了一个重要的问题。

作为生产企业,其最终目的是制造符合市场需求、让客户满意的产品,一件产品能否让客户接受并感到满意,关键在于产品质量是否满足客户的要求。因此,企业的很多管理活动都是围绕着如何更好地控制产品质量展开的,可视化管理作为现代企业的重要管理模式,将其运用到全面质量管理中,就必须以产品质量为关注点,以提高产品质量保障水平为目的,紧密围绕着控制产品质量开展工作。

再次,可视化管理要从根源处入手。

可视化管理是通过人的五感(视觉、触觉、听觉、嗅觉、味觉)来感知现场现物的正常与异常状态的方法,而在人的"五感"运用过程中,主要依靠的感觉器官是"眼睛",因此可视化管理也被称为"一目了然管理"。通过醒目的信号灯、标识牌,把产品生产过程中所出现的正常的、异常的状态显示出来。生产一件产品需要多种原辅材料,每一种原辅材料可能在外观上相似,其物理和化学特性却相差甚远,如果只凭经验或想当然就将原辅材料用于生产,其结果可想而知。这就需要将可视化管理运用到原辅材料的管理中,物料根据定位标识线分区放置,标识牌上醒目的文字注明该物料的名称、规格、产地等基本信息,色彩鲜明的状态标识注明该物料是待检验、合格、不合格,这样就能明确地向相关人员告知物料的信息,从而判断该物料是否能使用,应该使用在什么产品中,从产品成本生产的根源处进行控制。

7.2.4 质量信息集成管理

在网络经济时代,一个企业现代信息技术集成水平的高低,将成为企业竞争力强弱的重要标志。同时,企业信息化又是一项集成技术。

所谓质量信息集成(Information Integration,II)系统就是以计算机技术和数据库技术为手段,覆盖产品生命周期全过程的质量信息,通过对质量信息的采集、存储、整理、分析,来监督、控制、规划和决策各个部门的质量行为,实现全面质量管理,从而保证产品质量的系统。质量信息集成系统是 CAQ 发展的新阶段,它作为覆盖企业产品全生命周期的质量管理系统,是整个企业环境中与产品质量最相关的信息、功能和过程的集成,其中包括质量系统内的物料流、信息流、工作流的集成。它旨在使产品在设计和制造的各个环节达到质量标准,满足市场需求。

企业信息化建设的关键点在于信息的集成和共享,即实现将关键、准确的数据及时传输到相应的决策人的手中,为企业的运作决策提供数据。通过集成技术实现系统间信息的无缝连接、交换和共享,使整个质量系统各个组成部分有机结合并使其总体效能达到最佳,最终实现企业信息流的集成。因此,企业信息化建设发展到一定阶段,就必然要求对企业各种信息系统进行集成,从而实现对企业的信息资源进行有效的整合,使企业获取最大的总体效益。

企业信息集成利用了通信技术、数据库技术、PDM 技术,在共享信息模型支持下,实现不同应用系统之间的信息共享,实现"在正确的时间将正确的信息以正确的方式传递给正确的人(或者机器)",从而做出正确的决策。信息集成借助信息技术将企业信息资源管理中的各种有关的信息资源、信息技术、各个部门、上游企业、下游企业、行政管理部门和用户集成起来,进而提高信息的竞争能力、适应能力。

信息集成作为一种信息管理手段和方法可以为企业信息化建设提供所需要的信息资源,而企业的信息化建设又可以带动企业信息集成由内部向外部拓展。通过信息集成,企业可以整体规划内外部业务流程,可以整合企业的内外资源,可以优化企业活动的各个环节,科学地设计系统整体和局部的功能,从而达到企业资源的高度共享,促进企业活动的物流、资金流、信息流、人员流在系统内的高效有序流动,极大提高企业的经济效益。企业开展信息集成是有效提高信息资源的利用率,最大限度地深层次开发利用现有信息资源的有效解决手段和方法。

7.3 过程集成质量信息

ISO/TS16949 把过程定义为:一组将输入转化为输出的互相作用或互相关联的活动。从定义我们可以得出,输入、输出、控制和资源是过程的四个基本要素。其中,过程实施的前提条件和要求是输入,过程结束后的结果是输出,控制是对过程转化的约束,资源是过程转化的条件。

过程是以满足顾客需求为出发点,并在相互作用下组成各种各样的过程系统。企业通过对单个过程进行控制和改进,实现过程系统的优化,从而提高收益。根据质量的定义,过程质量是指过程满足要求的程度。质量管理就是指对产品全生命周期的生产过程进行质量控制,努力实现每一个生产过程的零缺陷,从而保证产品质量,最大限度地满足顾客的利益。

企业的质量管理是顾客导向过程,以顾客的输入来满足顾客的需求(输出),主要包括设计质量、制造质量、服务质量等。企业严格执行质量管理的八项原则(以顾客为中心的组织、领导作用、全员参与、过程法、系统化管理、持续改进、以事实为决策依据、互利的供方关系),管理和控制每一个过程,形成了以过程为基础的质量持续改进管理体系模式,如图 7-2 所示。

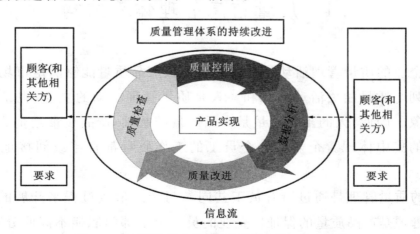

图 7-2   以过程为基础的质量持续改进管理体系模式

如上所述,过程是一组将输入转化为输出的相互关联或相互作用的活动,活动是过程的最小单元,活动的输入可以是物品,也可以是信息,而物品的流动必然伴随着信息的流动,因此活动的执行必然伴随着信息的产生。ISO9000中将质量记录定义为"阐明所取得的结果或提供所完成活动的证据的文件",而质量记录是质量信息的载体,这也充分说明了活动与质量信息之间的密切联系。

实际上从信息的角度看,活动本身就是一种信息处理单元,它是在某种约束条件下,利用计算机软硬件、网络和人力等资源将输入质量信息转化为输出质量信息的过程。因此,信息处理单元的功能也就和活动的属性存在着对应关系:如信息处理单元的输入对应于活动输入信息;输出对应于活动输出信息;处理对应于活动处理记录和活动执行人;约束对应于活动处理规则;存储对于计算机处理是不言自喻的特性。对应于前面的三种信息处理单元,活动也可以分为执行层活动、信息中心活动和决策层活动。

信息处理单元的功能最终被转化到计算机的软件功能模块中,并体现为计算机集成质量管理系统的录入、存储和查询功能,而从信息的角度看,活动本身就是一种信息处理单元,因此如果将信息的录入、存储和查询功能与活动相结合,就形成了基于过程的集成质量管理系统。这种结合是基于过程的集成质量系统的实质,其核心是将信息依附于执行层的活动,即基于执行层的活动来存储和组织信息,而传统的质量信息管理系统是基于职能部门来存储和组织信息的,这是二者之间最根本的区别。

7.4　质量信息管理体系结构

制造企业的质量管理活动是企业为了使其产品质量能够满足市场需求而开展的一系列与质量相关活动的总和。人是质量管理活动的主体,也是质量管理活动的对象。因此,人的工作质量是产品质量的基础,产品质量是企业所有人员工作质量的集中体现。企业每一个员工的工作质量都直接或间接地影响产品质量。

企业的质量管理是通过所有员工共同参与产品形成过程来开展的。全员参与的质量管理是产品质量的保证。企业的员工由于部门职能不同而分工不同,质量管理活动是由各层人员共同完成的。因此,质量信息按人员管理划分为管理层、技术层和操作层三级。整车制造过程的质量信息模型如图 7-3 所示。

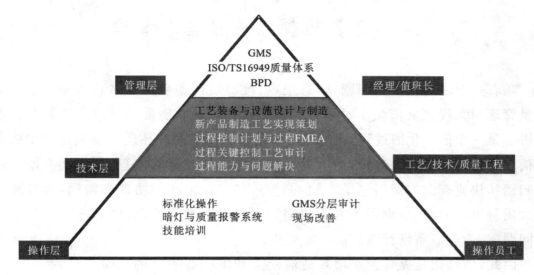

图 7-3　整车制造过程的质量信息模型

（1）管理层

管理层是指位于质量管理的最高层，一般指企业主管质量的总经理，负责制定企业的质量战略、质量方针和质量计划，进行质量目标的分解和质量文化的建设。管理层质量信息包括质量目标的制订、质量体系运行和评审报告、重大质量问题的决策等。

（2）技术层

技术层是产品质量计划的执行者，负责产品制造过程中的质量控制和保证。技术层质量信息包括产品质量综合评审报告、质量过程管理信息、质量运行状态信息、质量趋势分析信息、质量成本信息、质量问题信息等。

（3）操作层

操作层是指制造过程中的质检站、质量信息采集点等，负责现场质量信息采集、质量问题处理、现场过程的质量控制等。操作层质量信息包括产品检验信息、设备检查信息、质量报警信息等。

制造过程的质量信息存在于各种图表、资料、报告中，它们集中反映了质量的控制和保证。在质量管理活动中，企业对各种质量信息进行识别，将有用的质量信息进行收集、加工、存储和检索，并将这些信息及时、准确地传递给各级管理人员。

7.5　计算机辅助质量信息管理

随着企业之间竞争的加剧,信息快速、准确地传递变得越来越重要。企业的质量管理很大程度上依赖于对质量信息的管理。企业质量建设过程从某种程度上讲也是一个信息化的过程,通过借用现代信息技术对产品质量形成过程中的各类信息进行采集、存储、分析,为质量管理工作提供充分的信息支持,建立便于及时归档和快速查询的资料电子文档,能促进各单位之间的协调和沟通,有效预防重大质量事故的发生,也可为发生缺陷召回时提供准确追溯,同时还可以建立质量问题库,为类似质量管理提供决策支持。

因此,信息化是提高企业市场适应能力和国际竞争力的战略选择,是引领和改造传统企业实现跨越式发展的强大推动力。生产制造过程中质量管理信息化实质上是质量管理技术、计算机技术和网络技术的融合和综合应用,在这样的背景下,计算机辅助质量信息管理的地位和作用日显重要,它主要包括以下几个方面的内容:

(1)分析、识别、监控企业全面质量管理的过程及信息,制订建立或优化质量信息系统规划方案与实施计划,实现质量预警及快速反应、信息共享、质量追溯、知识管理,提高工作效率等质量信息系统基本任务要求及企业建设与应用现状,特别是产品功能与应用不足方面;

(2)分析企业新产品质量开发薄弱环节和不足方面,编制建立、优化新产品项目质量先期开发机制与相应工作流程的途径及措施、方法,提升新产品项目质量的规划;

(3)分析企业产品过程质量控制薄弱环节与不足方面,提升过程防错能力,编制过程质量能力的目标、对策与措施,以及实施计划;

(4)制订构建企业质量文化的架构、核心内容、实施途径以及分步实施计划;

(5)实施零缺陷质量管理战略,将防错技术、计算机技术、网络技术和测量技术作为制订质量规划的主要措施来考虑;

(6)围绕提高质量体系运行有效性和适用性,通过持续改进,提高质量体系绩效和企业竞争力;

(7)针对质量体系薄弱环节和能力不足方面,编制加强与提升质量体系能力的规划及相应实施计划。

现代生产环境下,随着计算机技术快速的发展,要想将先进的管理理念和信息技术进行集成,寻求过程质量控制中的质量保证措施,实现过程质量全面数字化的管理,企业就需要有一套完备的质量信息管理系统,对质量数据进行采集、存储、评价,从而获得一系列控制环,有效控制并提高质量,提升自身的质量管理信息化水平,提高基层员工的沟通效率及工作效率,给管理层决策提供客观、真实的数据。

随着计算机技术和信息技术的迅猛发展及其在企业生产和管理中的广泛应用,人们也将计算机等现代化技术引入质量管理、管理保证和质量控制中,陆续出现了计算机辅助质量管理(Computer Aided Quality,CAQ)、计算机集成质量信息系统(Computer Integrated Quality Information System,CIQIS)以及 CIMS 环境下的质量信息系统(Quality Information System,QIS)等,质量管理进入了数字化管理阶段。数字化质量管理意味着将信息技术应用到质量形成的全过程中,加快了质量信息的传递和处理速度,提供了快速处理质量数据的有效方法,丰富了质量管理理论,推动了质量管理的发展。

8 光电子企业质量管理案例

8.1 光电子产品特点

光电子企业产品属于知识、技术和劳动密集型产品而且科技含量高;光电子产品一般多为自动化生产线生产,自动化程度高;产品品种多、工艺复杂且批量大;产品竞争激烈,更新换代速度快;光电子产品更加注重节能和环保概念。因此,光电子产品生产形式多样,既有装配生产,多品种小批量生产、批量及大批量生产,又有连续生产、混合式生产。其产品特点概括如下:

(1)应用范围广

现代的光电子产品已经进入国民经济和人们日常生活的各个方面,如液晶显示领域的背光源技术、节能型 LED 汽车灯、医疗设备的激光技术、制造领域的激光加工技术等。

(2)知识、技术和资金密集型产品

如薄膜晶体管液晶显示器(Thin Film Transistor-Liquid Crystal Display, TFT-LCD)是战略意义重大、市场前景广阔、对国民经济发展具有全局性带动作用的高技术产业,是信息社会的基础产业,信息产业的核心器件。信息产业科技发展"十五"计划和《信息产业科技发展"十一五"规划和 2020 年中长期规划(纲要)》中都把 TFT-LCD 作为重点发展的战略产业。

(3)越来越短的产品生命周期

光电子产品生命周期相对较短,新产品层出不穷。光电子企业为了赢得市场竞争,所追求的不仅仅是高质量,还要有着较低的成本,特别是快速的市场响应时间。这里所讲的产品质量水平应以满足需要为尺度,并非越高越好,不必要的冗余质量必然会影响进度,增加成本费用。因此,企业需要在 TQCSE 方面取得平衡,才能实现和谐发展。

（4）以客户需求为驱动

现代社会,随着人们经济水平的好转以及追求更高生活质量的愿望,客户对产品和服务的需求越来越多样化和个性化,对质量的要求越来越高而近乎"苛刻"。这就要求企业更多地接触客户、了解客户的需求,建立以客户为中心的质量体系,并将该体系贯穿于整个价值链当中。要求能快速处理客户报价和订单,签下订单后,能够在约定的时间内出货,对整个供应链的快速反应要求高。

（5）产品的创新要求高,新工艺新技术引入速度快

要求企业不断推出新产品以满足市场需求,对企业的设计要求高。其中具有典型代表的产品就是液晶显示器,该产品更新换代淘汰率高,企业如果不能实现有效的经营管理模式,企业生产就会跟不上客户需求的变化,这将严重地影响对客户的交货承诺,导致企业竞争力下降。

（6）产品品种多,生产批量大

光电子产品一般尺寸小,精度技术要求高,如案例企业的小灯发光管产品,就有红黄绿蓝等多种颜色,作为基础元器件其生产是大批量的,因此从策划到产品实现的诸多过程都必须针对批量生产模式加以考虑,批量产品质量的稳定性是企业质量管理的一个重要目标。

（7）环境条件相对苛刻,对原材料要求高

原材料对产品质量影响因素大,如半导体器材原材料的纯度一般都在99.9999%以上。因此,光电子产品对生产环境,如温度、湿度以及产品洁净度都有着较高要求,导致基础设施的建设投资和日常维护费用高。

（8）节能环保要求高

节能环保是当前光电子产品必须具备的一个显著特征。光电子元器件对原材料的选择要求十分严格,对铅和汞等有害物质有着严格的使用限制,因此很多光电子企业需要通过 RoHS 检测报告（即"电气、电子设备中限制使用某些有害物质指令",The Restriction of the Use of Certain Hazardous Substances in Electrical and Electronic Equipment,是欧盟设置的一种检验标准）,如果出口欧盟的产品达不到该标准,将无法进入海关。同时,由于光电子产品更新换代速度快,废旧产品日益增多,光电子产品在回收、处理与再利用过程中已经出现较大污染,因此 2004 年信息产业部出台了《电子信息产品污染防治管理办法》,研究和建立符合我国国

情的电子信息产品污染防治标准体系。

（9）工艺性和工艺继承性强，密度高、尺寸小、重量轻且性能高

光电子元器件在设计时要考虑工艺的可实现性；在制造时要考虑工艺的可操作性；在产品试验时，由于批量很大，要考虑结果的可重现性。元器件的制造十分注重继承以往成功的工艺，既节约了开发及试验的成本，又可以从一定程度上确保产品的可靠性。一般，工艺继承性可以达到 $60\%\sim70\%$。同时，光电子产品密度高、尺寸小、重量轻且性能高，如印制电路板的引线尺寸可以做到 $0.15\mu m$，若采用多层印刷电路板技术，产品重量大大减轻；在有限面积内（比如 $1mm^2$）可以容纳上百万个元器件等。

（10）信息量大，处理方法多样复杂

以 LED 产品为例，它是采用电阻率较低的 P 型和 N 型半导体材料，通过特殊的生产过程，使其掺杂达到较大宽度的能隙，从而达到有效的光辐射通路，获得可见光辐射的效果，供人们使用。其生产过程一般需要经过点胶、点晶、烘干、焊线、封装、切筋、检测等十余道工序，而 LED 本身材料体积极小，通常是以微米级计算的，大体为 $8\sim14\mu m$，而且产品的批量很大。因此，产品的形成过程中信息量大，处理的方式也较复杂，要强调多种技术和方法的综合应用。

8.2　光电子产品质量管理特点

由于光电子产品具有上述的一些特点，使得光电子产品的质量管理方法与质量管理模式也发生了很大的变化，主要呈现出以下特点：

（1）以客户为核心的质量经营理念

让客户以及更多的客户满意并持续满意企业的产品，确保客户对企业产品的忠诚，是企业进行客户经营战略的目标。由于不同的客户其个性化需求是有所差异的，以客户为核心的质量经营理念就是针对不同客户群进行有层次和目的性的分析，将客户的需求融入产品的生命周期过程中，向客户提供他们所需并满意的产品。

（2）产品批次质量管理

光电子产品一般是批量生产，品种多数量大，为了有效管理，通常对批量生产的产品实施批次管理，如案例企业在做调谐器、报警器等产品时就是实现批次管

理的,包括对原材料和加工过程的产品批次管理。按照批次建立随工流程卡,记录每批产品的投料、加工、检验、调试数量、质量状况以及相关信息。

(3)以数据和事实为基础的统计过程质量信息管理

光电子企业质量信息数据量大,更要注重数据和事实依据,要具有完整准确的质量特性数据,能够进行实时合理分析,为质量的检验以及决策提供支持。

(4)对原材料的选择要求高

光电子产品对有害物质的使用有着严格的限制,RoHS检测报告是光电子企业产品质量的一个重要认证。这就要求,在产品设计及制造过程中选择环保型原材料,制定环保型工艺,为客户提供绿色产品。在原材料采购体系过程中,供应商管理是重要的一环,所以光电子企业不仅仅应该关注自身的产品质量,还要关注供应链的质量水平。

(5)高效率,低成本

光电子元器件的生产以量产为特征,必须十分注重成本的控制和管理,要建立以最低的消耗满足客户要求的经营要点。

(6)工艺重复性和结果稳定性

光电子产品对环境要求苛刻,极易受到人员、设备、材料、方法和环境等因素(4M1E)的影响。如果不能对这些因素进行有效监控,通过过程监测和数据分析,把产品质量控制在许可的范围内,产品质量的异常就是庞大的,造成的损失会很严重。因此,为了保证产品质量,需要大量的工艺试验,以寻求最佳的工艺方案,可以结合失败模式和影响分析技术 FMEA;要对产品过程采用控制图等工具进行有效控制,使得生产在受控的条件下进行,对过程质量的波动及时采取措施进行改进,将改进后的可靠性方案继续监控和改进,以获得产品质量的螺旋式上升,从而保证产品结果的稳定性和可重现性。

(7)集成的质量管理

光电子元器件的生产多数为流程性作业,有的自动化程度很高。由于其批次多、数量大等特点,需要集成先进的质量检测技术、在线数据采集和联机数据分析技术等,提高数据采集和处理的效率和准确率。

8.3 光电子产品质量管理关键问题分析

光电子产品生命周期质量管理体系将产品质量的形成过程分解成若干个子

过程,这些过程既彼此联系又各有侧重。质量管理一直强调以客户需求为关注焦点,以过程为控制对象,基于此,在通过对光电子企业产品生命周期质量信息模型以及质量管理体系的建模及分析研究后,重点展开以下系统关键支撑技术的研究工作:

(1)光电子企业产品客户需求获取及模糊聚类分析的关键技术研究

满足客户要求,使得客户持续满意是企业产品获得成功的关键,其首要前提就是及时、准确、完整地获取客户需求。因此,第一项研究支撑技术就是从质量管理的输入点,即市场分析和客户需求出发。客户需求分析首先要识别谁是客户,客户在想什么,如何有效地获取客户需求。客户需求的传统方法是调查法和访谈法。在信息发达的今天,需要找到一种更有效的客户需求获取工具以适合于光电子企业产品及其质量管理特点。由于客户需求是多元化的,客户对质量的描述通常是定性化的和模糊化的,因此,需要对收集的客户需求进行模糊聚类分析,确定客户需求的权重,抓住主要客户需求(权重高的),进而客户的满意度水平必将会有大幅度的提高。

(2)客户需求向技术特征项映射的关键技术应用研究

客户需求是客户的语言,技术特征项是产品设计与制造的工程语言,客户的需求是通过技术特征项的实现而满足的。在此,基于质量功能展开 QFD 的质量屋工具,实现客户需求与技术特征项之间的映射关系研究。通过构建客户需求向技术特征项映射的质量屋,并根据确定的客户需求权重值,判定出技术特征项的重要度,对于技术特征项重要度高的产品,在其设计与制造过程中就应该重点监控质量过程。

(3)光电子产品六西格玛质量水平的统计过程质量控制模型研究

通过前两项关键支撑技术研究后,可以确定光电子产品生命周期质量管理应该控制的关键技术特征项,将这些特征项的实现看成是一个子过程,应用过程控制方法来保证过程质量,从而达到特征项的高质量。

(4)光电子产品六西格玛质量水平的过程控制图及其应用研究

统计过程控制的主要工具是控制图,针对光电子产品六西格玛质量水平目标,笔者研究了常规不合格率 p 控制图、累积和控制图以及连续合格品链长控制图,并给出实例进行对比分析。实质的着手点就是将客户需求放在核心位置,通过过程的质量控制来达到高质量水平的目标要求。这不仅仅是光电子企业质量管理与控制的聚焦点,同样也可以辐射到其他行业企业的质量管理与过程控制中。

8.4　案例企业质量管理系统需求分析与设计

佛山某光电子企业是国内最早生产半导体发光器件的厂家之一,特别是在LED领域,无论是生产品种、规模、生产自动化程度等方面均处于国内领先地位。先后承担了国家"863"计划引导项目、国家"十五"科技攻关项目和广东省关键领域重点突破项目等,在高光效耐高温多层包封结构设计和低热阻封装工艺以及批量生产工艺方面取得了技术突破,申请了十多项专利,形成了自主知识产权。近些年,随着国内光电子产品生产厂家的迅速增加,市场竞争空前激烈。在这种情况下,公司领导班子意识到,必须提高产品技术含量,使企业在市场竞争中得以生存和发展。光电子产品的质量管理受到普遍重视,已通过了ISO9000质量体系认证,而且企业信息化水平程度高,如采用了企业资源计划ERP软件、财务软件和办公自动化系统等,有效提高了企业业务流程的自动化和科学化。

但是企业仍然存在一些问题,如在市场客户需求的获取以及分析领域,目前尚无一套完整有效的系统;对采购质量控制比较严格,但是在供应商质量评估及选择方面有待改善;企业已经通过了ISO9000质量体系认证,但是对于质量数据的处理依然存在手工处理以及其他不科学的地方。因此,如何针对光电子产品大批量、多品种、六西格玛质量水平的过程控制等特点进行有效的质量管理与控制显得尤为重要,这就要求光电子企业通过先进的理论、科学的工具、与时俱进的创新思维,来构建一套光电子产品生命周期质量管理系统,通过有效的数据采集、存储、处理、传递、统计、分析、诊断、评价与改进,为质量决策提供依据,及时反馈质量问题,减少质量损失,以达到质量管理水平的持续改进。

根据质量管理的特点,企业质量管理系统在结构上分为三层,即计划层、管理层和执行层,如图8-1所示。在此结构中,下一层接受上一层下达的计划或命令,然后向其下层传达命令,并向上层反馈质量信息。这种结构使得各层能充分利用有关信息发挥各自功能,能快速响应和实时控制,易于修改和扩充,易于满足质量管理的可塑性、正确性以及与其他部门的依托性要求。

企业生产以销售订单为主,市场预测为辅,重视对客户的信誉等级评定;分析库存状况并制订生产计划和采购计划;对采购材料进行质量检验并依此重新评定供应商等级;材料质检后入库,进入生产调度环节组织生产加工;对生产过程中重

图 8-1　质量管理系统体系架构

要质检工序点进行质量全检,对重要工序点的质量数据完全记录,如贴片工程、VHF 调试、UHF 调试、高温动作等;产品完工后抽检入库;根据销售订单进行产品出货及其售后服务工作等。

在整个业务过程中,特别强调质量抽检的重要性。其业务联系对象不仅仅是企业内部各个业务部门,还包括企业上游的供应商和下游的销售客户,部门关联性很高,案例企业调谐器产品的质量信息流如图 8-2 所示。

图 8-2 给出的是调谐器产品从订单接收到产品出货过程的信息流动总体脉络。在产品生命周期质量管理中,实际上是物流、资金流和信息流的综合集成,这是一个复杂的业务流程化过程。

基于此,笔者根据光电子企业质量管理的特点,在企业产品生命周期质量模型的支持下,结合案例企业质量管理经营实际,构建了案例企业产品生命周期质量管理功能模块图,如图 8-3 所示。主要功能模块包括:

(1)基础数据管理

实现对企业质量流有关的基础数据管理。主要包括员工基础数据管理,材料与(半)成品基础数据管理以及物料清单 BOM 管理,还有权限设置管理。当然,还包括其他的基础数据内容,如设备、工装夹具库的管理,一些维护性数据管理等。完整、准确、规范和及时的基础数据是质量管理系统正常运转的前提。

(2)市场及销售管理

销售是企业的龙头,销售面向的市场和客户是企业存在的动力源泉。

销售管理可以概括为售前、售中和售后管理三个阶段。因此,销售管理包含的内容很多,对销售客户资源的管理显得尤为重要。这里所指的销售客户,不仅仅是已经存在的销售客户,还包括待发掘的客户。企业通过建立客户关系管理系统,采用基于 Web 的形式收集客户的需求和偏好,以及客户资源信息和潜在市场信息,这些归结于售前管理。售中管理的主要工作内容包括,督促和追踪客户订

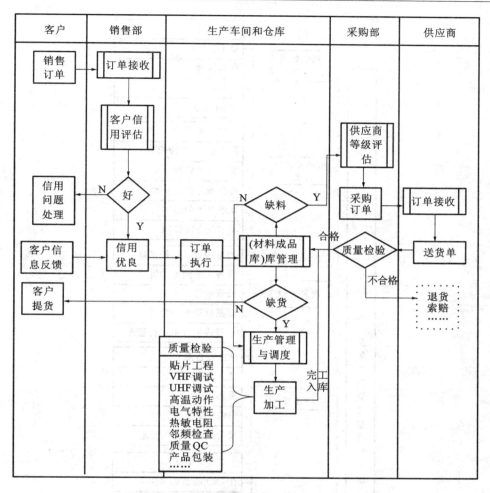

图 8-2 案例企业质量信息流(调谐器)

单的执行情况,及时与客户保持交流与沟通,以保证按时、按质向客户提供其所满意的产品。在产品交付客户后,更需要持续与客户保持沟通,评判客户对企业产品的满意度指标值,为客户提供优质的售后服务,将客户满意变成客户的持续满意,提高客户对企业的忠诚度。

(3)质量管理

质量管理不是独立存在的,它贯穿于企业生产经营的全过程。这里所提的质量管理主要是质量的计划与质量手册等文档性管理,以及光电子产品质量方法和改进工具集的管理。

另外,还包括企业设备、检测量具管理与维护,质量检验报表及质量成果分析评价管理。将光电子产品一些共性的质量管理与控制方面的资源统一集中管理,企业不同层次用户通过用户权限的配置在授权范围内进行操作。

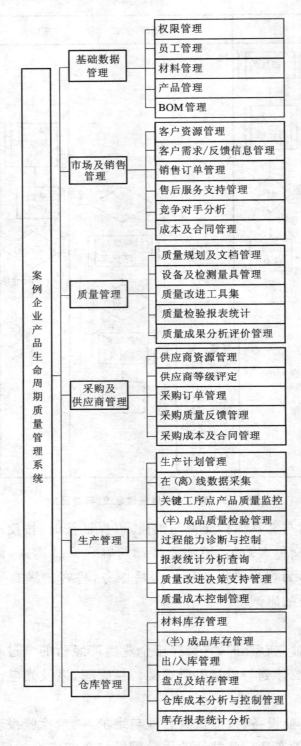

图 8-3 案例企业产品生命周期质量管理功能模块

（4）采购及供应商管理

采购体系中，供应商的选择和开发是核心。采购及供应商管理就是通过对供应商供应的材料从质量、价格、交付与服务四个方面综合评价，合理选择供应商，通过采购成本的控制，降低光电子产品的最终质量成本，提高质量水平。其管理思想就是首先要确认供应商是否建立有一套稳定有效的质量保证体系，然后确认供应商是否具有生产所需特定产品的设备和工艺能力；其次是成本与价格，要运用价值工程的方法对所涉及的产品进行成本分析，并通过双赢的价格谈判实现成本节约；在交付方面，要确定供应商是否拥有足够的生产能力，人力资源是否充足，有没有扩大产能的潜力；最后一点，也是非常重要的是供应商的售前、售后服务的记录和评估，对供应商进行等级评定。

（5）生产管理

按订单组织生产计划，并对生产过程进行监督与控制调整。包括生产计划管理，关键工序点产品质量监控，特性数据采集，并综合考虑历史数据，运用控制图等工具对过程质量能力进行监控，判断过程稳定和异常状况，诊断过程波动，建立预警机制，决策出过程质量改进的措施；同时，也对过程能力指数进行评价。

生产管理模块也为企业领导者提供报表统计、分析与诊断功能，从宏观层面上把握当前生产状况，并预测将来。最后，生产管理模块还提供质量成本控制管理功能，追求经济利益最大化。

（6）仓库管理

光电子产品批量大，产品更新换代速度快，案例企业库存有两部分，案例企业称为内销和外销，因此库存控制应该科学合理，否则会造成库存成本过大，占用企业的流动资金过高。库存管理的内容主要包括光电子元器件材料仓管理、半成品及产成品管理、材料和成品出入库管理、销售退货以及采购退件管理；仓库管理还包括当前库存的结存与盘点，历史库存的追溯，特别是还应该具有库存成本分析与控制管理等功能。

8.5　系统应用分析

目前，光电子产品质量管理系统已经在企业投入使用，本节内容主要从以下几个功能模块进行质量管理系统的应用介绍。

8.5.1　权限管理

权限管理系统是一个功能复杂且非常重要的模块,权限管理的好坏将直接影响系统运行的稳定性。其权限设置的思想是首先根据需要添加一个权限组别,然后为该组别设置操作权限,最后将相关人员分配到该组别中,对于组别的权限可以一层层地进行细分。当用户登录系统时,首先根据用户的 ID 号,在组别成员中查找定位该成员的组别参数,然后进入组别参数中查找定位其菜单权限参数,至此系统登录完成。当用户点击打开某个功能模块时,系统将根据用户登录时的组别参数继续查找定位该功能模块的操作权限参数和字段的操作权限参数,如增加、修改、删除等操作,将该组不需要关心或者非权限范围内的数据隐藏和控制起来,从而保证数据的安全性。图 8-4 给出了系统设计的基于角色定义和权限分配的参数体系。

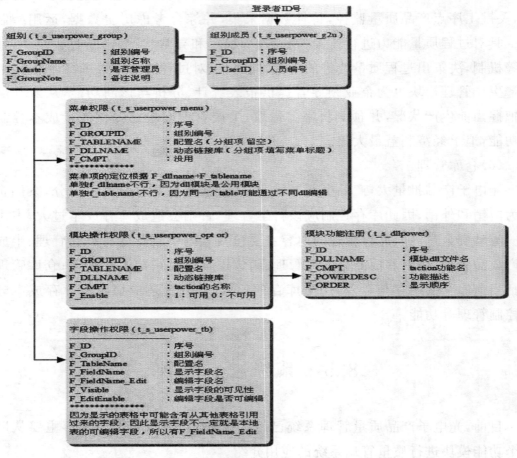

图 8-4　权限管理中基于角色的参数配置

图 8-5 是系统管理员进行权限设置的界面,系统规定只有具有最高权限的管理员才有权对系统内用户进行角色和权限的配置和更新。

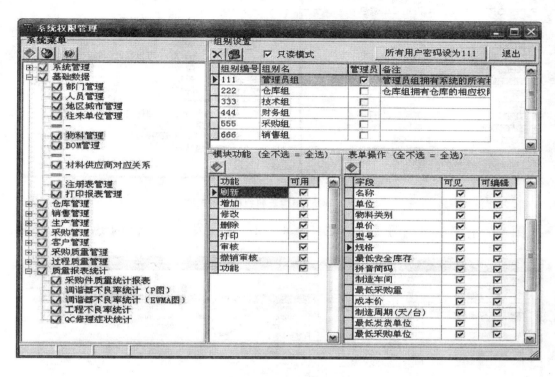

图 8-5　系统权限设置界面

8.5.2　基础数据 BOM 管理

基础数据是系统顺利运行的基础,主要包括企业员工基础数据、原材料基础数据、(半)成品基础数据、物料清单 BOM 管理等。光电子企业 BOM 的配置与汽车等机械制造业 BOM 的配置相比既有共同点,更有自身的特点。以片式发光管为例,它既有主要零件配置(主料),如管芯、线路板,又有辅助零件配置(辅料),这些零件由于尺寸小,因此通常给出一定的损耗率。同时,这些零件配置会随着客户需求的变更而进行新配置,因此要求 BOM 具有动态可重构功能。在系统设计过程中,通过参数体系构建 BOM,这些参数体系既相互独立又彼此联系。BOM 结构表中存储物料间的层级关系,BOM 显示时,其物料信息是直接读取物料表中的数据。

BOM 结构表与物料表的关联如图 8-6 所示。

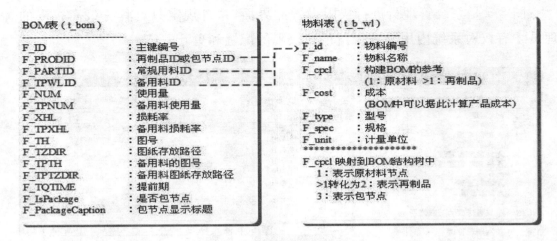

图 8-6　BOM 结构表和物料表的关联

图 8-7 给出的是型号为 FC-3215SQGIBIK 片式发光管产品的 BOM 配置树。

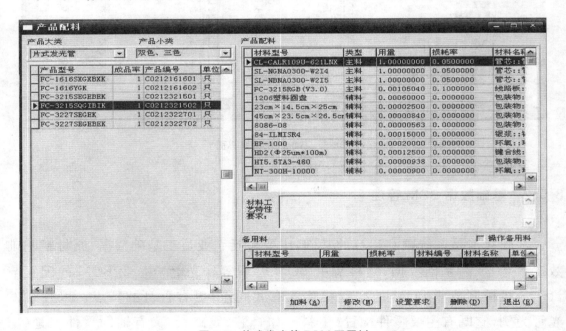

图 8-7　片式发光管 BOM 配置树

8.5.3　客户关系管理

客户管理源于"以客户为中心"的新型商业模式,是一种旨在改善企业与客户关系的新型管理机制。通过向企业的销售、市场、服务等部门和人员提供全面及个性化的客户资料,并强化跟踪服务、信息分析能力,使他们能够协同建立和维护一系列与客户以及商业伙伴之间卓有成效的"一对一关系",从而使企业得以提供更快捷和周到的优质服务,提高客户满意度,吸引和保持更多的客户,并通过信息共享和优化商业流程有效地降低企业经营成本。这里主要包含四个内容:

(1)客户信息管理

客户信息管理指整合记录企业各部门、每个人所接触的客户资料进行统一管理,这包括对客户类型的划分、客户基本信息、客户联系人信息、企业销售人员的跟踪记录、客户状态、合同信息等。图8-8所示为客户信息管理界面。

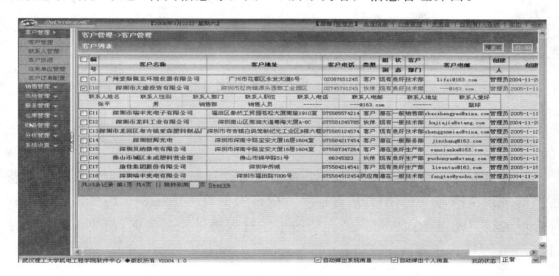

图 8-8　客户信息管理界面

(2)市场营销管理

制订市场推广计划,并对各种渠道(包括传统营销、电话营销、网上营销)接触客户进行记录、分类和辨识,提供对潜在客户的管理,并对各种市场活动的成效进行评价。

(3)销售管理

销售管理的功能包括对销售订单的管理、销售人员的绩效考核管理以及发票管理等。图8-9所示为销售发票管理界面。

(4)服务管理与客户关怀

为客户提供售后服务以及技术支持等管理,包括对服务的记录、客户的反馈及处理措施管理等,要求详细记录服务全程进行情况,实现客户关怀。

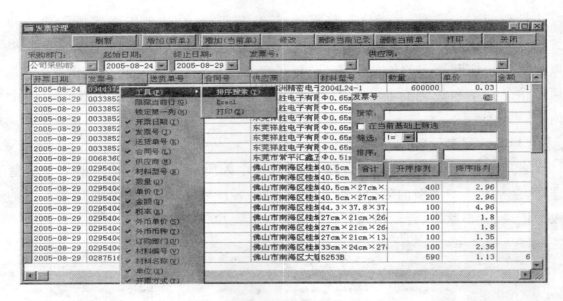

图 8-9　销售发票管理界面

8.5.4　过程质量控制

工序过程是产品质量保证的一个重要环节。针对光电子产品六西格玛质量水平的过程控制,其控制图方法有很多。应该根据检测产品质量特性值的类型选择合理的控制图。下面以片式发光管的工序过程质量控制为例,简要说明其应用过程。

(1)通过 BOM 的工艺设置关键工序质检点

片式发光管共有 7 套主要工序,其中 PB、WB、PC、TBC、AI 和编带都为该类型光电子产品的质检点,其设置方法如图 8-10 所示。

(2)工序质检点存在的不良项目名称维护

为了防止系统用户因为个人失误,在进行工序质检数据录入时,输入不规则的符号,如"素子偏移",输入时候输成"数字偏移"等,因此设置了工序质检点不良项目维护功能,用户需要首先输入可能存在的所有不良症状名称。当然,这里的设置是一种动态的设置,可以进行更新和删除、增加等操作。片式发光管 PB 工序质检不良项目维护如图 8-11 所示。

(3)过程工序质检数据采集与存储

质量管理和控制是建立在快速、有效、正确的质量数据收集及处理基础之上的。质量数据的采集是质量管理的基础。因此,凡是与产品质量有关的各种活动

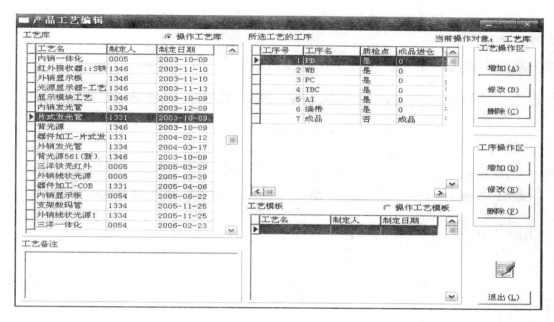

图 8-10 片式发光管工序质检点设置

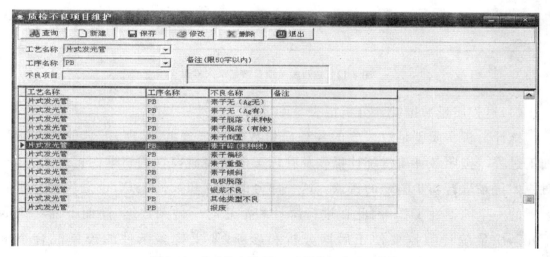

图 8-11 片式发光管 PB 工序质检不良项目维护

及其数据都应该做好记录,并存储到数据库中。具体说来,应做好生产准备阶段记录(原材料的检验试验记录,供应商提供的质量保证单和测试数据等),生产阶段记录(按工序、个人和设备的质量检验记录、抽检记录等),产品检验、试验记录(包括新产品鉴定试验、可靠性试验等),库存产品的抽检记录和复检记录等,产品退货及退货复检记录以及失效品分析处理记录等,这些质量数据都应该存储到数据库。由于数据量庞大,因此需要多种数据采集手段相结合,一部分数据要借助于利用条形码以及在线检测技术进行数据采集,另外一部分数据要求人工输入,这就要求系统要具有功能完善的、操作方便快捷的用户界面,满足多环境下的数据采集处理要求。图 8-12 所示为过程检验质量数据录入界面。

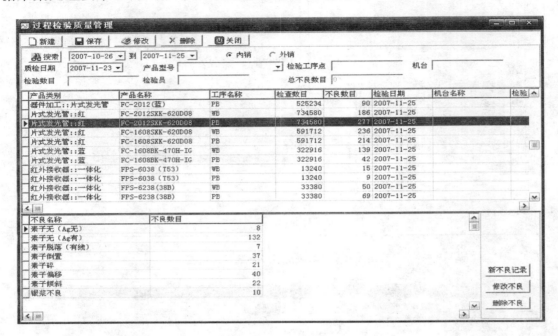

图 8-12　过程检验质量数据录入界面

（4）过程质量数据统计分析报表

统计分析实质就是对采集的各种质量数据进行分组、整理、汇总的一个初步加工过程。按照各种质量统计报表及管理工作需要而设置的整理性记录册,具有对原始记录进行初步整理的特点。这一部分的设计和数据汇总,也是质量分析和诊断的一个前期性工作,因此在进行统计和汇总时要做到数据"简而不漏""全而不冗",质量统计数据要便于后期分析和诊断,要支持多条件的模糊混合查询策略。

图 8-13 给出了 2005 年 5 月 10 日至 20 日区间内 VH045AFE 产品的不良项目状况统计,在实际统计过程中,还可以选择生产线,比如 1 号线在该区间生产 VH045AFE 产品的不良项目状况,也可以与当班者进行组合条件查询。

图 8-14 给出了同样区间的 VH045AFE 产品工程不良率统计报表,可以看出每一条生产线、每一个当班者（A、B 和 C 三班）的生产总数和不良症状分布数量,使得统计的结果既直观又便捷清晰。

不良率统计

开始日期 2005-05-10　机种 vh045afe　班别　生产线
终止日期 2005-05-20

[不良项目状况统计] [分线班统计] [转换到EXECL] [备注输入]
[质量奖惩明细] [班统计汇总] [质量奖惩维护]
[质量奖惩汇总] [工程不良率汇总] [退出(E)]　□日期

项目	05-10	05-11	05-12	05-13	05-14	05-15	05-16	05-17	05-18	05-19	05-20	合计
检查数	15960	14154	12894	13968	13446	15234	15786	17094	15468	15168	9838	159010
不良点	1097	1748	808	803	1072	652	528	758	934	859	882	10141
不良率	6.87	12.35	6.27	5.75	7.97	4.28	3.34	4.43	6.04	5.66	8.97	6.38
生产状												
IC 浮起				3								3
IC 欠品	1	2	1		12							16
IC短路	114	132	61	54	54	28	32	36	30	26	8	575
IC位移	6	5	1		1	1		4	2	1	3	24
IC无锡	5	8		1	1			2				35
错件	3	2	1		6	1		2	4	3		32
短路	58	73	23	36	119	36	23	73	16	86	95	638
二极管反	2	1		1		1		1		4		10
二极管欠	7	3	2	5	9	4	4	4		4		47
反贴	4	6	10	1	4	9	10	3	6	9	2	64
浮起	68	176	59	163	91	43	31	59	68	35	60	853
烂件	46	52	40	32	48	41	24	29	57	42	30	441
欠品	217	335	116	146	142	104	97	135	129	106	104	1631
竖起	167	146	149	111	184	136	105	118	139	156	119	1530
脱件	20	38	13	1		8	1	14	35	3		133
位移	355	745	282	190	344	186	190	243	417	357	353	3662
无锡	24	24	50	58	54	54	6	36	26	33	82	447

项目	05-10	05-11	05-12	05-13	05-14	05-15	05-16	05-17	05-18	05-19	05-20	合计
反贴	4	6	10	1	4	9	10	3	6	9	2	64
浮起	68	176	59	163	91	43	31	59	68	35	60	853
烂件	46	52	40	32	48	41	24	29	57	42	30	441
欠品	217	335	116	146	142	104	97	135	129	106	104	1631
竖起	167	146	149	111	184	136	105	118	139	156	119	1530

图 8-13　VH045AFE 不良项目状况统计

不良率统计

开始日期 2005-05-10　机种 vh045afe　班别　生产线
终止日期 2005-05-20

[不良项目状况统计] [分线班统计] [转换到EXECL] [备注输入]
[质量奖惩明细] [班统计汇总] [质量奖惩维护]
[质量奖惩汇总] [工程不良率汇总] [退出(E)]　□日期

项目	1号	2号	3号	4号	5号	6号	7
A生产数	32004	27474	14876	23526	33444	19826	
A不良数	1738	1864	680	577	2186	1899	
A不良率	5.43	6.78	4.57	2.45	6.54	9.58	
B生产数	25296	21528	9362	19275	27772	18111	
B不良数	699	1371	586	613	1664	1856	
B不良率	2.76	6.37	6.26	3.18	5.99	10.25	
C生产数	27618	22884	11028	20015	30510	17844	
C不良数	997	1794	602	578	1376	1832	
C不良率	3.61	7.84	5.46	2.89	4.51	10.27	
不良数	3434	5029	1868	1768	5226	5587	
生产数	84918	71886	35266	62816	91726	55781	
不良率	4.04	7	5.3	2.81	5.7	10.02	
IC 浮起	3	0	0	0	3	12	
IC 浮起不良率	0.09	0	0	0	0.06	0.21	
IC 欠品	2	10	1	3	6	1	
IC 欠品不良率	0.06	0.2	0.05	0.17	0.11	0.02	
IC短路	79	253	125	38	323	165	
IC短路不良率	2.3	5.03	6.69	2.15	6.18	2.95	
IC位移	36	10	0	2	14	26	
IC位移不良率	1.05	0.2	0	0.11	0.27	0.47	
IC无锡	412	29	5	39	6	47	

项目	1号	2号	3号	4号	5号	6号
C不良率	3.61	7.84	5.46	2.89	4.51	10.27
不良数	3434	5029	1868	1768	5226	5587
生产数	84918	71886	35266	62816	91726	55781
不良率	4.04	7	5.3	2.81	5.7	10.02

图 8-14　VH045AFE 工程不良率统计

（5）质量分析与诊断

管理离不开控制，控制是为了更好的管理。质量数据的分析和诊断是管理和控制的核心，其目的是为了获取产品质量的状态信息，判断质量是否发生异常并诊断异常的原因，对各种影响因素加以控制和调节，并将改进的措施付诸执行，同时对改进措施执行后的质量状况再次进行监控、汇总统计和分析诊断，最终达到产品质量的持续改善和提高。进行质量分析的主要方法是应用控制图工具，其原理有正态性假定、3σ（或 6σ）准则、小概率原理和反证法思想等。

如图 8-15 是片式发光管（内销产品）PB 工序 2007 年 10 月过程工序质量统计分析直方图，可以清晰地看出素子偏移出现的次数最多，占到 42.7%；图 8-16 给出的是其对应的 p 控制图，点子虽有出界现象，但依据控制图判异准则可知，过程仍然处于稳定状态。

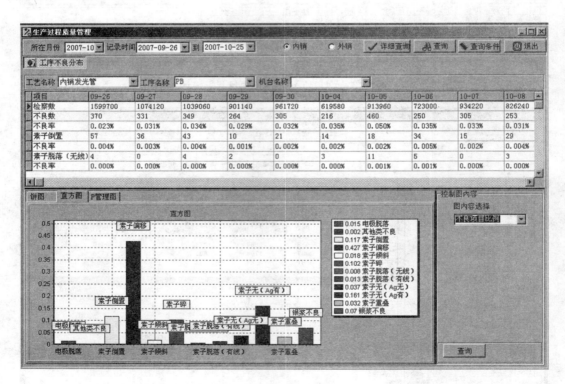

图 8-15　直方图

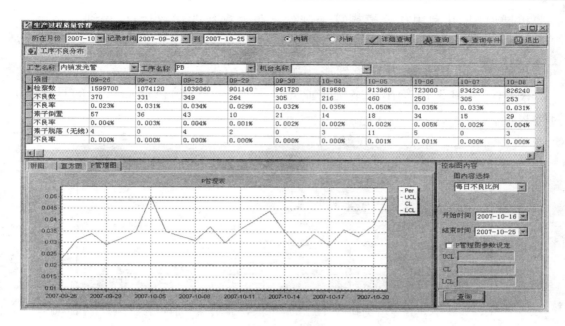

图 8-16　生产过程的质量控制——p 控制图

8.5.5　供应商管理

如何选择供应商是一个至关重要的问题。在评估方法上,目前常见的供应商评价方法有经验法、线性权重记分法和层次分析法等。本节采用模糊层次分析法进行供应商评估。

该评估系统开发过程步骤如下:

步骤 1　确定供应商评价体系。

根据实际情况来确定评估指数,构成评估体系。在实际操作上,首先从基础数据中提取出有关供应商的基础信息数据(潜在价值数据集合),然后根据评估指数对以上数据集合进行整理挖掘,案例光电子企业选择的评价指标主要是质量、成本、信誉度和地区。

步骤 2　确定层次分析法中的权重系数。

根据上一步得到的结果,利用每个因素与其他因素之间的重要程度之比构成判断矩阵,利用判断矩阵,可以求出反映每个因素的相对重要程度的权重向量 $\boldsymbol{\omega}$。

步骤 3　进行定因素的模糊处理。

语言变量的方法可以处理一些复杂或者难以定义的情况。利用不同隶属度的模糊数,表示自然语言中的不同程度。这里采用三角形模糊数表示 $(\boldsymbol{\alpha}, \boldsymbol{m}, \boldsymbol{\beta})$,由扎德扩展原理,并利用扎德模糊算子进行三角模糊数的代数运算,得到模糊矩阵。

步骤4 定因素的无量纲化处理。

步骤5 得出结果,并以多种形式显示评估结果。

图 8-17~图 8-19 给出了案例企业光电子产品(支架)供应商选择的具体实现过程界面。

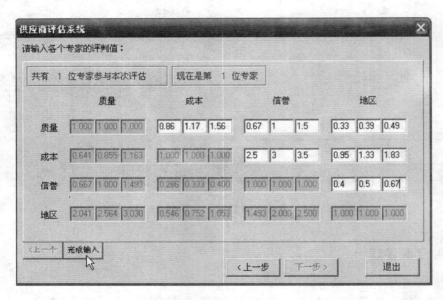

图 8-17 供应商评估的专家评判值输入

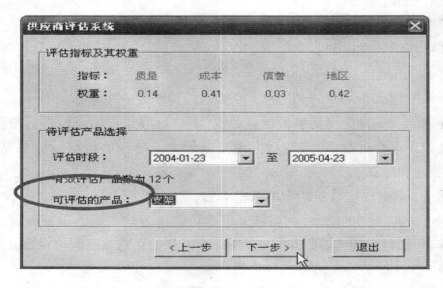

图 8-18 选择待评估光电子产品

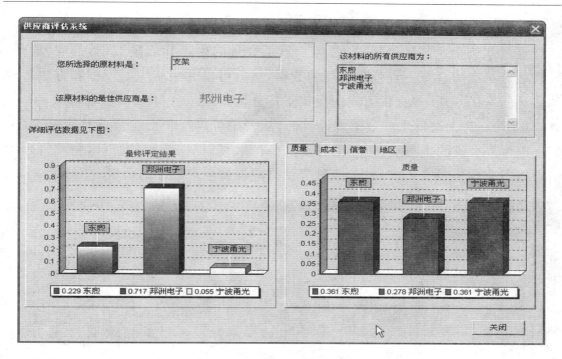

图 8-19　光电子产品(支架)最终供应商评定结果

图 8-17 为质量、成本、信誉和地区四个指标的专家评判值录入界面。

图 8-18 是图 8-17 完成用户所选择的评估指标以及计算得出的各个指标的对应权重后,选择评估时段和待评估产品,进行最终评估,其结果如图 8-19 所示。

图 8-19 为供应商评价的直方图结果显示,既可以查看在单个评价指标下的供应商评估结果,还可以查看四个评价指标的综合结果。

8.5.6　决策支持管理

为了使企业决策者能及时了解与企业生产相关的信息,提供可靠的、科学的决策依据,以减少决策的随意性和盲目性,系统特配备了专门的决策支持模块。有关质量问题的决策和分析可归纳为以下几个主要方面:

● 合理地确定满足质量要求的生产方案(包括工艺要求、设备等级、元件精度、原料性能等);

● 根据生产要求及供应商所提供货源的性能与价格选择购买方案;

● 确定某产品的配方以满足用户要求;

● 对产品进行质量预测并制订质量计划;

● 分析、确定影响产品质量的关键因素等。

经过案例企业信息化建设，已经积累了大量的生产和质量数据，抽取、清理、转换后就可以形成统一规范且准确的数据，然后可以利用相应的模型和方法客观地描述问题的本质，并提供可靠的决策支持分析处理。

图 8-20 为调谐器生产效率统计界面，从表中可以反映出在所选时间段 A/B/C 三班每一个班的生产数、车间工时及其生产效率，根据效率的统计，企业管理人员可以及时把握员工生产状态，通过奖惩措施保持生产效率的稳定。

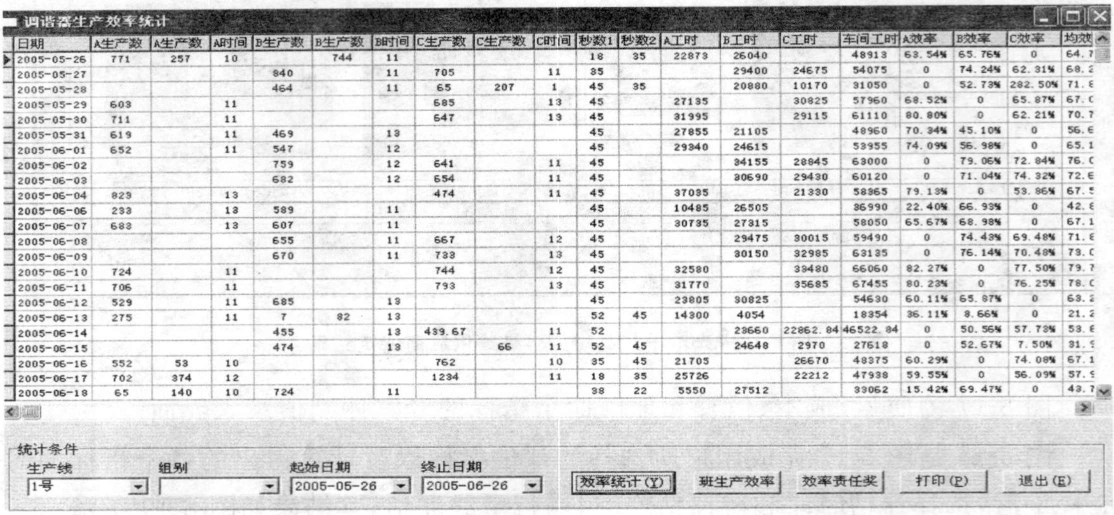

调谐器生产效率统计																			
日期	A生产数	A生产数	A时间	B生产数	B生产数	B时间	C生产数	C生产数	C时间	秒数1	秒数2	A工时	B工时	C工时	车间工时	A效率	B效率	C效率	均效
2005-05-26	771	257	10		744	11				18	35	22873	26040		48913	63.54%	65.76%	0	64.7
2005-05-27				840		11	705		11	35			29400	24675	54075	0	74.24%	62.31%	68.2
2005-05-28				464		11	65	207	1	45	35		20880	10170	31050	0	52.73%	282.50%	71.6
2005-05-29	603		11				685		13	45		27135		30825	57960	68.52%	0	65.87%	67.0
2005-05-30	711		11				647		13	45		31995		29115	61110	80.80%	0	62.21%	70.7
2005-05-31	619		11	469		13				45		27855	21105		53955	70.34%	45.10%	0	56.6
2005-06-01	652		11	547		12				45		29940	24615		53955	74.09%	56.98%	0	65.1
2005-06-02				759		12	641		11	45			34155	28845	63000	0	72.84%	76.0
2005-06-03				682		12	654		11	45			30690	29430	60120	0	71.04%	74.32%	72.6
2005-06-04	823		13				474		11	45		37095		21330	58965	79.13%	0	53.86%	67.5
2005-06-06	233		13	589		11				45		10485	26505		36990	22.40%	66.93%	0	42.6
2005-06-07	683		13	607		11				45		30735	27315		58050	65.67%	68.98%	0	67.1
2005-06-08				655		11	667		12	45			29475	30015	59490	0	74.43%	69.48%	71.6
2005-06-09				670		11	733		13	45			30150	32985	63135	0	76.14%	70.48%	79.0
2005-06-10	724		11				744		12	45		32580		39480	66060	82.27%	0	77.50%	79.7
2005-06-11	706		11				793		13	45		31770		35685	67455	80.23%	0	76.25%	78.0
2005-06-12	529		11	685		13				45		23805	30825		54630	60.13%	65.87%	0	63.2
2005-06-13	275		11	7	82	13				52	45	14300	4054		18354	36.11%	8.66%	0	21.2
2005-06-14				455		13	439.67		11	52			23660	22862.84	46522.84	0	50.56%	57.73%	31.9
2005-06-15				474		13		66		52	45		24648	2970	27618	0	52.67%	7.50%	31.9
2005-06-16	552	53	10				762		10	35	45	21705		26670	48375	60.29%	0	74.08%	67.1
2005-06-17	702	374	12				1234		11	18	35	25726		22212	47938	59.55%	0	56.09%	57.8
2005-06-18	65	140	10	724		11				38	22	5550	27512		33062	15.42%	69.47%	0	43.7

统计条件　生产线 [1号] 　组别 [ ] 　起始日期 [2005-05-26] 　终止日期 [2005-06-26] 　[效率统计(Y)] [班生产效率] [效率责任奖] [打印(P)] [退出(E)]

图 8-20　光电子产品(调谐器)生产效率统计界面

如图 8-21 所示，应用数理统计的方法来分析判断生产工序过程是否处于控制状态。该图是对 VH045AFE(5 号生产线)产品不良率的分析结果，根据控制图判别准则可知是处于控制状态的，但是过程并不稳定，因为在 3 月以前及其后一段时间内点子分布多出现在中心线的同一侧，在对工序进行调整后，其点子分布基本呈现两侧对称分布，过程也逐渐趋于稳定。同时系统可以计算出工序能力指数 C_{PK}，它表示的是技术要求满足程度的指标，数值越大，表明工序能力越能满足技术要求，甚至有一定的能力储备。仍以 VH045AFE 为例，计算出 5 号生产线加工该产品的工序能力指数为 $C_{PK}=1.165$，由工序能力指数值评价标准的一般原则可知：当 $1.00<C_{PK}\leqslant1.33$ 时，表明过程能力尚可，但是应该注意控制，防止发生大的波动，由于该工序能力指数比较接近 1，因此出现不合格产品的可能性会较大，与前面控制图诊断结果基本吻合，为了实现质量的持续改进，因此须加强对生产线的检查和 QC 抽检。

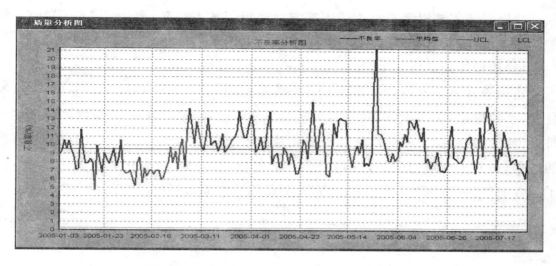

图 8-21　光电子产品(VH045AFE)过程控制状态图

8.6　实 施 成 效

　　佛山某光电子企业通过实施信息化一期和二期项目,特别是通过质量工程的建设,增强了全企业、全过程、全体员工的质量管理意识,使得光电子产品的技术创新能力和产品质量有了极大的提升,提高了企业整体管理水平和企业的市场竞争力,促进了企业向现代企业模式的转变,为企业的可持续发展提供了动力。实施成效主要体现在以下几点:

　　(1)质量管理的规范性

　　通过信息共享、迅速流动和反馈,大大提高了质量数据处理的效率和准确性。及时采集、存储、汇总、分析相关质量信息,为企业质量水平的持续改进提供决策依据。此外,企业在基础数据的制定和规范方面做了大量的工作,如物料的编码管理等,为企业进一步的信息化集成奠定了良好的规范化基础。

　　(2)技术创新能力更强

　　产品的高质量是客户满意的基础,高新技术在光电子产品应用越来越普遍,通过企业信息化的建设以及质量工程的实施,产品技术含量越来越高。如在功率型白光 LED 方面,研制出单管光通量达到 6lm 的白光 LED,并获得 3 项国家专利;在功率型器件支架、功率型 LED 芯片键合、高光效耐高温多层包封结构设计和低热阻封装工艺以及批量生产工艺方面取得了技术突破,申请了 13 项专利,其中两项发明专利、1 项 PCT 国际专利,拥有多项专有技术。

（3）质量管理见成效

质量管理是企业信息化建设的一个重要组成部分,目前系统在企业运行状况良好,系统稳定、功能正常、效果良好。质量管理增强了企业员工的主人翁意识,每一个人都为质量工程的实施和产品质量的改进献计献策;增强了企业部门之间的协作,提高了管理的效率,规范了企业的各项管理;降低了企业经营成本,提高了企业的产品质量和管理水平,适应了企业快速响应市场的需求。

9 整车制造企业质量管理案例

汽车自诞生以来,给整个世界和人类带来了巨大变化。汽车产业是一个庞大的社会经济系统工程,是支撑和拉动我国经济持续快速发展的重要产业,在国民经济发展中处于举足轻重的地位。长期以来,汽车产业作为我们国家重点投资的产业,虽然得到了快速的发展,但是面对日益激烈的市场竞争,中国汽车制造企业在制造能力、管理机制、质量水平和价格等方面和国际汽车企业相比有着明显差距。并且随着以客户需求个性化的加强、产品生命周期的不断缩短以及质量要求越来越高为特点的新市场形势的出现,也向中国汽车制造产业提出了新的挑战。

我国汽车产业规划明确强调注重产业结构的调整和质量的提升,力图把我国从汽车制造大国变为制造强国。汽车产业在快速发展过程中,尤其要更加重视产品质量保障体系建设。质量发展是一个重要的战略问题,企业必须要转变质量观念,明确质量责任;加快技术进步,提高产品水平,贯彻国际标准,提高竞争能力;追求优质高效,确保用户满意。

汽车制造企业已经告别了"大而全"的时代,整车制造企业纷纷将零部件的工艺和制造包给独立的供应商,自己则集中精力进行新车型开发、四大工艺(冲压、焊装、涂装和总装)的改进,以及若干关键零部件的(部分)制造。可以说,汽车零部件的80%以上都是由供应商完成的。分工越来越细,与供应商的合作越来越密切,如何实现协同工作,确保配件质量符合要求,并准时交货,是汽车制造企业亟待解决的难题。

9.1 业务流程分析

随着社会的发展,人们对汽车的质量水平要求越来越高。汽车行业的质量管理就是指对汽车全生命周期的生产过程进行质量控制,努力实现每一个生产过程的零缺陷,从而保证汽车质量,最大限度地满足顾客的利益。

制造流程中主要有四大制造工艺,即冲压、焊装、涂装和总装。其工艺流程如图 9-1 所示。

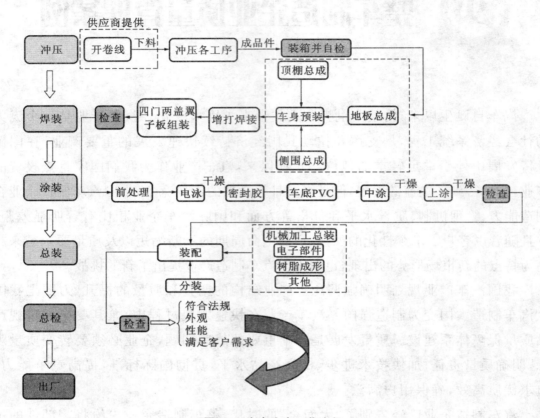

图 9-1　汽车生产工艺流程

（1）冲压工艺

冲压工艺负责车身覆盖件的加工,如:车门、车顶、外包围等,是四大制造工艺的第一环节,其工序流程如图 9-2 所示。

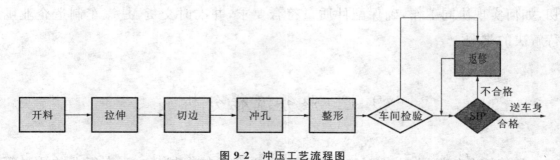

图 9-2　冲压工艺流程图

冲压工艺过程质量管理主要考虑车身覆盖件冲压的尺寸精度控制,如控制原料质量和模具质量;在具体生产中,通过标准化操作,如进行清洗、涂油等,就可以提供冲压件的表面质量;优化工艺参数,避免误差过大带来的质量损失;保持车间的洁净,减少产品冲压的质量缺陷。其具体的生产质量控制方式主要有以下几种:

● 来料检验:卷料进入冲压车间后,需要经过开料检验,不合格的将被认为是可疑物料放入指定区域,然后反馈给采购部,检验合格的将进入冲压生产线,进行加工。

● 首、末件检查:由于冲压件材料批量大,生产线各工位的操作人员须对每批生产零件的首、末件进行检查,检验内容为板材表面质量公共项及本工序特殊项。

● 设备检查:生产线各工位的操作人员在每班次开始之前须对所使用的设备进行例行检查,以确保设备能满足生产要求,如果设备有问题须进行及时维修。

● 模具检验:磨具检验是指对生产过程中的磨具进行检查。

● 班次抽检:生产班组每班次须进行合格品抽检,确保质量。

● SIP(Standard Inspection Process)质量部检验:质量部在冲压车间生产线的末尾设立检验站,对冲压件表面质量进行抽检。

● 返修检查:不合格品返修后须进行再检验,如果依然不合格则报废,合格则装框。

(2)车身工艺(焊装工艺)

车身车间即焊装车间,主要进行车身焊接和门盖的加工,主要包括下车身总成焊接、白车身总成焊接、左右侧围总成焊接、顶盖总成焊接、门盖总成焊接、白车身装配调整、白车身总成等工段,其工序流程图如图9-3所示。

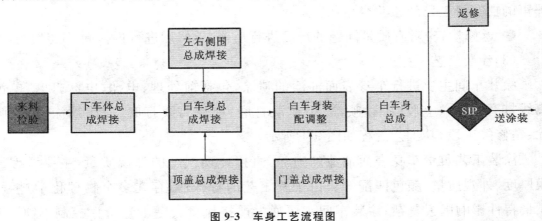

图9-3　车身工艺流程图

车身工艺主要考虑焊接质量。如对关键焊点进行可靠性测试,防止焊点出现漏焊、未融合、焊穿等质量缺陷问题;对白车身进行 CMM 抽检检测;最后进行质量评审 Audit 抽检,评估车身工艺能力。其具体的生产质量控制方式主要有以下几种:

● 工序自检和互检:在进入下道工序之前须进行在线检查,发现问题直接在线返修,如果不能立即在线返修的将做下线返修,下道工序须对上道工序产品进行互检,以避免不合格品流入工序。

● 设备检查:生产线各工位的操作人员在每班次开始之前须对所使用的设备进行例行检查,比如电压、电流等,以确保设备能满足生产要求,如有问题及时进行维修。

● 班次抽检:在产品下线的时候对产品进行抽检。

● 焊接质量检验:焊接工程师按照工艺文件要求进行焊接工艺参数检测、焊点非破坏性检查和破坏性实验,保证焊接质量。

● 扭矩检验:检验员对门盖螺栓扭矩等进行检验。

● 质量部检验:质量部在生产线终端设置检验工位,对白车身进行 100% 检查,发现质量问题及时进行处理。

● 工装夹具检查:制造工程师按照预防性维护计划,对工装夹具进行检查,如发现变异应立即进行维修或更换。

● 三坐标测量:对每班次抽取相应数量的白车身进行三坐标测量,发现质量问题及时通知相应工位进行整改。

● SIP 质量部检验:质量部在车身车间调整线的末尾设立检验站,对车身表面质量及焊接质量等进行 100% 检验,遇到不合格品进行质量问题追溯。

● Audit 评审:对每班次抽取相应数量的白车身以顾客的眼光进行审核,被评审的白车身是已经检验合格的。

● 返修检查:对有质量问题的产品进行返修,返修后进行再检验。

(3)涂装工艺

涂装车间主要进行车身表面油漆的喷涂,包括前处理、电泳、电泳打磨、电泳离线打磨、底涂、上胶、中途喷涂、中途湿打磨、中途离线打磨、面漆喷涂、清漆喷涂、精修等工段,其工艺流程如图9-4所示。

涂装工艺负责车身表面油漆的喷涂,直接体现汽车的外观质量,主要考虑漆膜厚度、外观质量、颜色匹配等。由于其工艺的特殊性,存在多个物理化学过程,质量特性影响因素复杂,涂装车间主要通过严格执行关键工艺特性控制 KCC、工

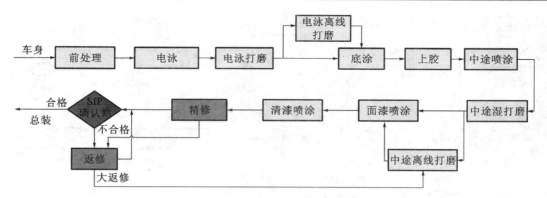

图 9-4　涂装工艺流程图

艺卡、工艺控制计划等质量管控文件来实现过程质量管理,提高过程质量水平。其具体的生产质量控制方式主要有以下几种:

● 涂装车间采用封闭式管理,大部分为机器人操作,已部署智能控制系统。涂装车间质量控制方式为严格执行生产工艺,对关键工艺特性进行 SPC 控制,发现问题及时进行修正。

● 在各工位进行首、末件检查,设备检查,并对前处理、电泳、上胶、打磨、中涂、面漆进行抽检。

● 膜厚检查:质量工程师对电泳、中涂、面漆膜厚进行抽检。

● 关键工艺参数检查:质量工程师对前处理参数、电泳参数、面漆喷涂参数、油漆及环境参数按照控制计划进行检测,发现与工艺不符时,应立即进行调整,并重新检测。

● 在产品末端设置精修质量工段,对涂装完毕的车身进行车间内部检验和质量部检验,发现质量缺陷,将会判定责任区域返修整改,返修后再检验。

● 在涂装工艺完成后进行 SIP 质量部检查,对油漆表面质量进行 100% 检验。

● 对检验合格的产品进行 Audit 评审,以保证质量。

(4)总装工艺

总装工艺负责把汽车零件和部件装配成整车,并对汽车的各项性能进行检测。总装作为四大工艺车间的最后一个环节,是汽车产品质量形成的最终阶段,其工艺流程如图 9-5 所示。

总装工艺主要考虑扭矩控制、内外饰质量、间隙尺寸、车门调整和检测等,其具体的生产质量控制方式主要有以下几种:

● 在各工位进行首、末件检查,设备检查,并进行班次抽检。

● 扭矩检查:在关键工艺进行扭矩检查。

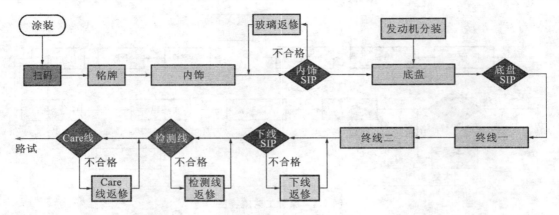

图 9-5　总装工艺流程图

● SIP 质量部检验：设置在内饰、底盘,终线工段结束后,对电气硬件、线束、装饰胶条、内外饰的配合、玻璃、悬挂及固定装置、制动管路、拉索、机械、线束、底盘布置、电气系统、发动机舱、间隙配合、各门开关力度、外饰、划伤、机械功能等进行检验,确保产品质量。

● 检测线检查：在汽车形成时,对其灯光、电喷系统、排放、前轮定位、转角、制动力、淋雨、坏路、电气、机械功能、缺件、外观质量等进行检测。

● Care 线检查：对汽车的电气、机械功能、缺件、外观等质量进行检查。

● 返修检查：在生产过程中有质量问题时,进行在线返修或下线返修,返修完毕后盖章确认。

9.2　质量管理现状分析

根据上述分析可知,制造企业主要通过检验(首检、中检、抽检、终检)、关键工序的监控以及质量评审(Audit、CMM)来保证过程质量,其基本思路就是不断测量过程质量参数,通过不断地比对实际值与质量标准,发现质量缺陷并进行记录,然后尽可能地在缺陷产生初期排除缺陷,消除产生缺陷的根源。其具体制造质量控制方式主要涵盖以下几个方面：

● 来料检验：由于制造过程涉及大量的零部件,很多工序须对原材料或者零部件进行检验。

● 工序检验：在生产线上各工位操作人员在检验控制过程中须进行首、末件检查,自检和互检等,以保证产品质量。

● 班次抽检：在生产过程中，班长、工段长、检验人员对产品或半成品进行在线抽检。

● 设备检查：包括使用设备检查、工装夹具检查、测量器具检查等。

● 特殊性检查：针对不同的工艺和生产需要，进行特殊性保证检查，比如：焊接质量检查、三坐标测量、膜厚检查等。

● 关键工艺控制：针对特殊的工艺，须对工艺参数等特殊指标进行检查，如扭矩、电泳参数等。

● SIP 质量部检验：质量品管部门在生产线末端设置检验工位，进行专门的标准检验。

● 返修检查：对有质量问题的不合格产品须进行在线返修或者离线返修，返修后须进行再检查。

● 客户评审：质量品管部门以顾客的眼光对产品进行评审。

在制造过程中，除了对产品进行各种检验保证质量外，汽车企业还会通过 5S（Seiri 整理、Seiton 整顿、Seiso 清扫、Seiketsu 清洁和 Shitsuke 素养）、自动化、防错、QC 小组、目视化、质量例会、质量问题升级报警等多种方式来保证汽车质量，尽可能地达到零缺陷的标准。

9.3 质量管理业务流程

整车制造企业主要的生产工艺路线为冲压、车身焊装、涂装、总装，涉及众多工序过程，任何一个工序过程不稳定，尤其是关键制造过程不稳定将直接影响整车质量。过程质量控制是企业质量管理的一个重要部分，涉及产品质量形成的全过程。其目的是通过一系列作业技术活动对全过程中影响质量的因素进行控制，排除引起质量缺陷的各项原因，确保产品质量能够满足客户需求，从而减少经济损失，获得利益。对于机械制造行业，特别是整车制造企业，重点是要控制从投料到成品的整个生产过程质量，整车制造企业质量管理模式如图 9-6 所示。

整车制造企业过程质量管理的关键环节是制造质量管理，制造质量管理的实质是过程质量控制。过程质量控制是指在产品制造过程中，通过控制影响生产过程质量的各项参数，使得产品质量满足设计要求所采取的控制和决策活动，用以保证生产出符合质量要求的产品，是制造过程中操作工人、技术设备、原材料、工艺方法以及环境等因素的综合性体现,其生产过程质量管理业务流程如图 9-7 所示。

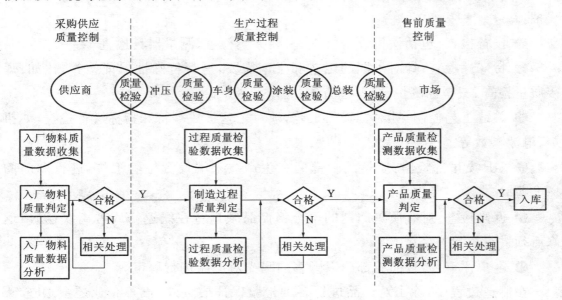

图 9-6　整车制造企业质量管理模式

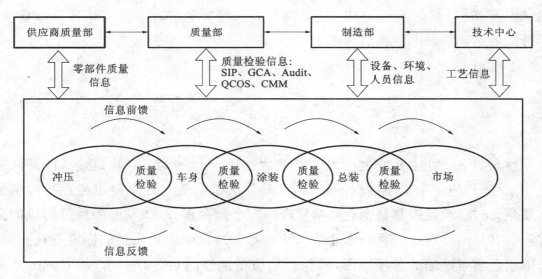

图 9-7　生产过程质量管理业务流程

汽车生产过程质量控制严格,常常采用"3N 原则",即工序前不接受不合格品、工序中不产生不合格品、工序后不移交不合格品,其工序质量控制流程如图9-8所示。

当在检验 A 处发现质量缺陷时,立即发出警告。然后由后续工位 B 实时响应,控制缺陷产品的流向,进行处理。同时 A 及时向前道生产工位 C 进行质量故障的反馈。这时 C 将控制在制产品的流向,并依次往前追溯故障发生的位置及原因,

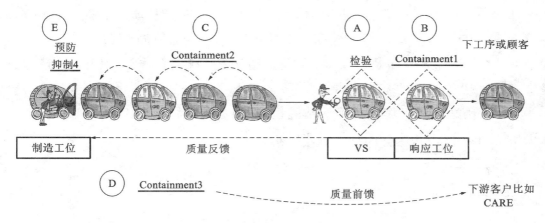

图 9-8　工序质量控制流程

直至找到缺陷产生的工位 E。在工位 E 处排除质量缺陷,消除故障发生的根本原因。同时,根据实际情况,D 也将及时向下道工序发出质量前馈信息,提醒注意。

产品的制造过程质量控制主要是通过对企业质量活动的预防、测量、检验、分析、控制等手段,确保产品最终质量稳定并符合设计要求。制造企业过程质量控制是根据产品的质量设计要求,安排合适的工人,配置适当的设备,并组织相关部门密切配合,分析制造过程中质量波动的规律,判断工序异常因素,并采取各种措施维持工序长期处于稳定状态,保证产品达到技术要求的一系列决策活动。许多的质量管理体系方法、过程控制技术、概率统计方法和检测方法如 TQM、6σ、SPC 等在这个过程中都得到广泛的应用。

过程质量管理的职能主要是对生产环节中的各工序质量进行控制,完成质量数据采集、质量规范定义、操作规范制定、质量统计分析、质量预测评估以及文档管理等工作。以质量过程为核心,依照 ISO9000 质量管理标准,注重对生产过程质量的在线监测和质量信息的实时反馈。具体内容如下:

(1)生产过程质量标准检验

SIP 是指标准检测规范,它是所有的质量检验活动的标准。SIP 是通过在制造过程的关键位置建立确认站,按标准化工作进行检验,防止缺陷逃逸,并将制造过程质量目视化,为产品质量持续改进提供依据。因此,SIP 站是最基本的质量信息采集单元。

SIP 确认站是制造过程中一个 100% 贯彻标准化检验及管理的工位或检验站,适用所有汽车生产线的确认站,布置在主要生产工序的末端。其支持 GMS-BIQ 制造质量原则,评估制造过程的质量表现,发现和防止缺陷流出到内部客户和外部客户,支持质量问题解决和预防工作,持续改进产品质量。四大工艺车间都设有 SIP 确认站,即车间的质量部,质量圈站。SIP 确认站记录各种生产加工过程中的质量检测信息,并及时反馈,保证下道工艺的顺利完成。其获取的信息也是生产过程质量信息的唯一来源。

SIP 确认站主要工作包括确认站的检验、质量信息的前馈反馈、SIP 信息板信息更新、返修确认,其流程图如图 9-9 所示。

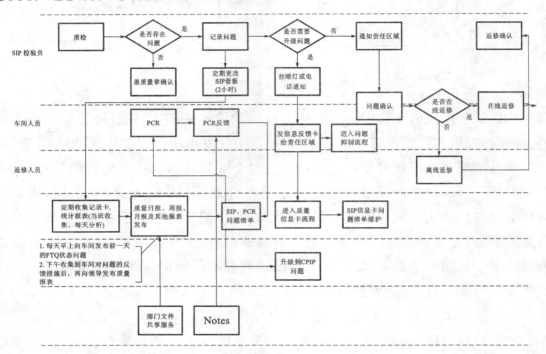

图 9-9 SIP 流程图

在每个重要工序后均设有站点,冲压采用抽检的方式,其他车间采用全检的方式,以保证上道工序加工质量。一旦出现质量问题,需要向前、向后追溯,直至不再重复出现问题,才视为合格。

(2)汽车整车质量评审

汽车整车质量评审 GCA(Global Customer Audit),是汽车整车厂模拟用户,以顾客的眼光对自己的产品质量进行内部监督的自觉行为。整车质量评审是一种主动的预防性的检验方法,与站在生产者的角度看产品质量是否达标、是否满足顾客的需求不同,它是站在顾客消费者的立场上,促使企业主动地去满足顾客要求,从而使企业能够在激烈的市场竞争中赢得顾客的热忱。目前,国内外的汽车生产企业,均采用此方法对自己的产品进行内部监督,并取得了很大的成效。

整车质量评审业务采用策划、控制、改进的三阶段循环方式进行,评估整车质量绩效,用已经制定的目标比较绩效,并弥合实际绩效和设定目标之间的差距。

整车质量评审的实施,标准化的审核,与国际接轨的意识,进一步地完善了公司产品质量审核体系,为公司的产品质量提供了坚实的监督保证,使公司在产品产量快速提高的同时,其制造系统产品质量得到同步的快速提高。

GCA 工作内容主要包括 GCA 审核、GCA 信息发布、GCA 质量问题解决与管理,其流程图如图 9-10 所示。

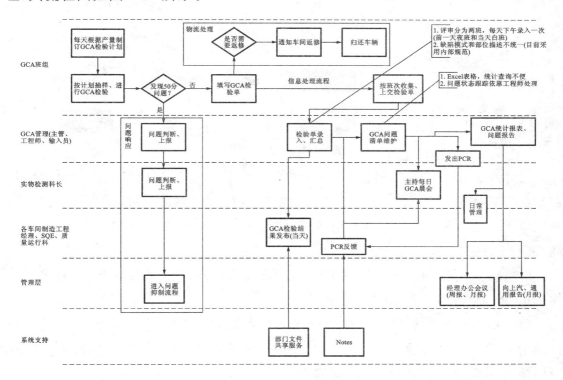

图 9-10 GCA 流程图

（3）关键过程质量控制

QCOS(Quality Check Operation Sheet)质量控制操作表,是来自 GM 系统用于过程控制的质量工具,检查在关键的制造过程中存在的控制缺陷,降低出现缺陷的风险(包括涉及安全项、法律法规项,直接影响到顾客满意度的扭矩、焊点、设备、人员操作等各种关键过程),是一项全员参与的质量监控活动,包括设计、制造、质量监控等部门的人员。

QCOS 是一个需要全员参与共同实施,才能有效实现其作用。它涉及产品的设计、制造、质量监控等部门的人员,其流程图如图 9-11 所示。

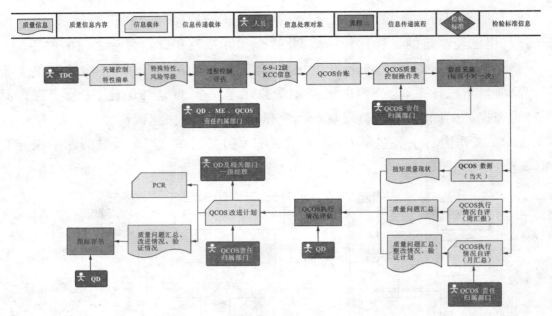

图 9-11 QCOS 流程图

技术中心提供产品特殊性质、关键控制特性清单以及相应的风险等级。质量部组织制造工程 ME、QCOS 点责任归属部门对 QCOS 点进行过程控制资源评估，对风险等级在 6～12 级（包括 6 级）的产品特殊性质按 QCOS 要求进行编号，并编制 QCOS 台账。

QCOS 点责任归属部门根据 KPC 清单，采用合理的工序控制资源，要求工序控制值≥1，同时满足各等级的最小保证值。

QCOS 点责任归属部门根据 QCOS 台账编制 QCOS 质量控制操作表，其中包括设定质量控制目标值、统计分析图表、采样频率和样本容量等内容，将每天完成目标情况制成图，按 QCOS 要求跟踪。

QCOS 点责任归属部门每周自评 QCOS 的执行情况，每月汇总报送质量部。质量部每月对车间 QCOS 的执行情况进行分析并把报表报送质量部以及相关部门的一级经理。

QCOS 点责任归属部门根据上月评估情况制订下月改进计划须报质量部，质量部跟踪执行情况。质量部跟踪改进计划，并对改进的结果进行评估。

（4）质量问题的快速响应

对生产过程出现的质量问题进行快速的响应是过程质量控制的重要环节。操作人员和质量工程师应了解产品的结构，掌握工艺规程和技术要求，快速制定相应的质量控制处理措施。其问题处理流程如图 9-12 所示。

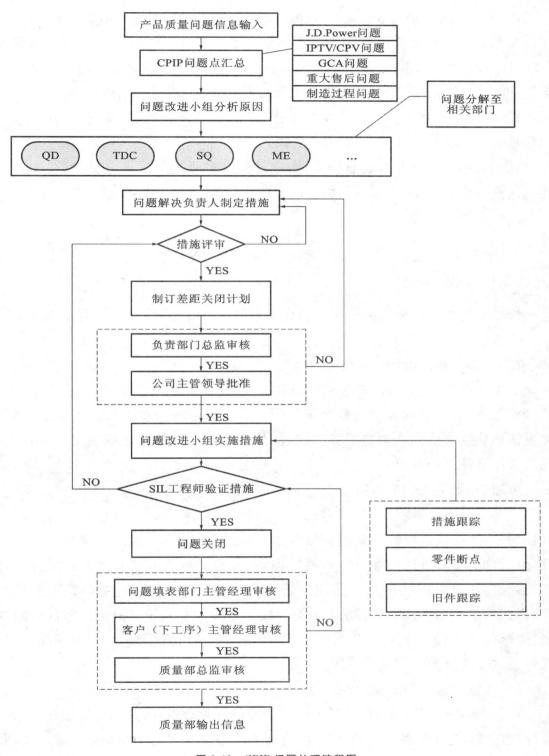

图 9-12 CPIP 问题处理流程图

CPIP(Concurrent Production Improvement Process,现行产品改进流程)主要工作是制定公司级质量目标(千辆车故障数、千辆车维修成本、GCA、用户满意度J. D. Power、问题关闭率);部门级质量目标由各部门制定,反馈给 CPIP。CPIP 科下设三个小组即质量信息小组、质量工程 QE、市场表现评估(工作内容是客户、质量目标和质量奖项申报)。售后客服针对客户投诉或者抱怨,不能解决的问题,移交市场表现评估,针对问题交付 QE 处理。

在上面的质量过程控制业务中,在进行质量过程功能需求分析时,必须充分注意制造行业特点,寻求能满足制造行业特殊需要的质量过程功能解决方案。

9.4　过程质量控制特点

汽车生产工艺的模式决定了其过程质量控制有着自身的特点,主要体现在以下几个方面:

(1)过程质量控制的灵活性

由于汽车生产规模大、工艺流程长且复杂,过程质量控制系统混杂,不仅包括连续过程变量,也包括离散过程变量。为了对生产过程质量进行全面控制,必须能灵活地建立反映生产制造中各种物理、化学变化过程的质量控制模型,满足不同过程质量控制的需要。

(2)过程质量控制的稳定性

汽车产品生产过程中,会受到许多因素的影响(人员、设备、材料、工艺、测量和环境)。这些质量影响因素的异常波动,会导致生产单元的产品质量特性发生变化。因此,要对这些因素进行有效监控,对过程质量的波动及时采取措施进行适当调整,使得生产过程处于受控的条件下。由于汽车生产线主要是按节拍生产,因此对生产的连续顺行要求非常高。质量过程控制系统对故障反应的时间要短,效率要高,满足实时的性能要求;在某些情况下还需要是确定的、可预测的,从而保证过程质量的稳定性和一致性。

(3)质量信息管理的集成性

汽车产品制造工位分散,质量过程控制中的各类分析仪、人工分析数据录入设备分布在网络连接的各个不同站点上,并且包含着多种并行质量信息流。因此,要求系统对各站点质量信息采集、处理、存储、分析等具有分布集中控制的能力。

（4）质量管理决策的智能性

信息技术和网络技术不断被应用到质量管理活动中，使质量管理突破了空间和时间的限制，信息处理能力不断增强，须有效利用生产活动中所积累下来的大量质量业务数据，结合人员实际经验，生成质量决策知识库，提高企业质量管理决策水平。

9.5　应用实例分析

9.5.1　车身焊点质量预测案例

汽车车身是由薄板构成的结构件，其主体主要由车前钣金、前围零件、地板总成、左/右侧围总成、后围总成、行李舱搁板总成和顶盖总成等零部件通过装配和焊接形成车身壳体（白车身），如图 9-13 所示。冲压好的车身板件通过局部加热或同时加热、加压接合在一起形成车身总成，所以焊装是车身成形的关键，焊装工艺是车身制造工艺的主要部分。

在汽车车身制造中应用最广的是电阻点焊，焊接的好坏直接影响了车身的强度。目前，车身焊装车间为了保证焊接质量，主要采用在样本焊接点上的破坏性试验来检验焊点质量。一般是根据检验计划从生产线上随机抽取几台白车身，通过对白车身全部焊点的破坏性检查，来判断焊接质量的好坏。破坏性检验导致了很大的质量成本投入。同时，破坏性

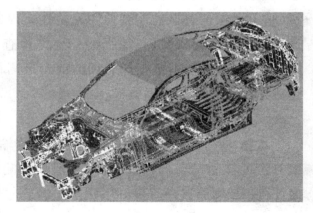

图 9-13　白车身示意图

检验只能是针对个别样本的离线检测，满足不了现代整车制造企业过程质量控制要求。因此，本章运用基于 ELM-PSO 的质量智能预测算法，实现了焊点质量的实时在线反馈和预测控制，保证了电焊质量的可靠性和一致性。

点焊过程是一个高度非线性、多变量耦合作用并伴随大量随机不确定因素的

过程。电阻点焊质量除了受焊接电流、焊接时间和电极压力等基本工艺参数的影响外,在点焊实际生产中还受很多干扰因素的影响,如边缘焊接、点距过小、电极磨损、工件装卡不当、上下电极不对中等。根据实际经验,可以得知焊接电流对点焊质量影响显著,焊接电流越大焊接区热源强度越大,熔核直径也越大,点焊接头强度提高;然而当焊接电流过大时,会引起焊接区金属过热,发生喷溅,反而降低了焊接质量。电极压力也是重要参数之一,过大和过小均会降低焊接质量。

点焊接头强度是点焊质量的重要指标,根据实际生产经验,点焊接头强度主要取决于点焊熔核的尺寸。因此,本案例以点焊熔核尺寸作为衡量点焊质量的指标,将熔核直径 L 作为预测模型的输出。

预测模型的输入,即电焊质量主要影响因素包括操作工装配精度、焊接设备特性、冲压件表面状态、电焊工艺参数以及作业环境的洁净度等。实际生产中,在保证其他影响参数一定的情况下,企业一般是通过调节焊接电流、电极压力和焊接时间来控制焊点质量。因此,主要考虑工艺参数对焊接质量的影响。将焊接电流 I、焊接时间 T、动态电阻特性值 R(通电结束时的电阻值)和动态电极压力特性值 V 作为预测模式的输入。

(1)数据完整性检查

鉴于所有的工艺数据都是存储于焊枪设备的单机数据库中的。在实际的项目中,无法保证数据的连续性和完整性。因此,在预测之前,要读取这些数据。在读取的时候,就必须进行数据的完整性检查,这样便于后面的预测程序处理。通过数据完整性检查,数据库返回给前台预测程序的数据是连续的、完整的,为进行预测提供了良好的数据支撑。

(2)预测过程

这里采用四个输入、一个中间层、一个输出进行预测,建立基于改进极端学习机算法的预测模型,然后比较实际值和预测值之间的差距和总体的误差,具体的MATLAB预测核心程序如下:

```
for kk=1:1:17
    for MMMM=1:10

    hidden=4;
    output=1;
    input=3;
    cpp=zeros(1,17);
```

```
% sunspot
for i=input+1:learn_num
    for j=1:input
        x(i-input,j)=sunspot(i-input+j-1);
    end
    out_res(i-input)=sunspot(i);
end

for i=learn_num+1:fore_num
    for j=1:input
        x_out(i-learn_num,j)=sunspot(i-input+j-1);
    end
end

w=2*rand(input,hidden)-1;
b=2*rand(hidden,1)-1;
temp=zeros(num_in,1);

for i=1:num_in
    for j=1:hidden
        temp(i)=0;
        for k=1:input
            temp(i)=temp(i)+w(k,j)*x(i,k);
        end
        H(i,j)=1/(1+exp(-b(j)-temp(i)));
    end
end

beida=pinv(H)*out_res;
prediction=zeros(num_out-num_in,output);
pre_H=zeros(num_out-num_in,hidden);

for i=1:num_out-num_in
    for j=1:hidden
        for k=1:input
            pre_H(i,j)=pre_H(i,j)+w(k,j)*x_out(i,k);
```

```
        end
        pre_H(i,j)=1/(1+exp(-pre_H(i,j)-b(j)));
    end
end

prediction=pre_H*beida;
cz(kk)=cz(kk)+prediction(1);
```

本节所有实例和结果都是在 MATLAB 7.1 环境下,CPU 为 3.2GHz 的奔腾 4 机器上运行得到的,部分结果如表 9-1 所示。

表 9-1　部分样本实际值与预测值比较

样本序号	熔核实测直径(mm)	预测模型	
		预测值(mm)	误差(%)
1	2.1	2.1657	3.1
2	3	3.143	4.7
3	0	0.0451	—
4	2.5	2.4491	0.4
5	2.8	2.7650	1.3
6	3.3	3.4152	3.4
7	4.2	4.2465	1.1
8	0	−0.0461	—
9	4.4	4.3767	0.9
10	4.1	4.0784	0.7
11	5.3	5.2836	0.3
12	5	4.8895	2.1
13	5.6	5.7311	2.2

数据分析表明,建立的基于改进极端学习机算法的预测模型可以比较准确地预测点焊熔核直径,预测偏差不超过 5%,可以用于点焊质量的在线预测。

9.5.2　涂装工艺知识获取案例

汽车面漆是车辆最外层的涂层,它是车辆外观装饰性的首要载体。表面涂层属于一级装饰精度,具有美丽的外观,光滑的表面,无细微的杂质、擦伤、裂纹、起皱、起泡及肉眼可见的缺陷,并应有足够的机械强度。底面涂层属于优良保护层,应有优良的防锈性和防腐蚀性,很强的附着力;局部或全部刮涂附着力好、机械强度高的腻子,使用数年也不会出现锈蚀或脱落等现象。面漆的外观、鲜艳性、光泽、颜色等直接决定了客户对汽车质量的直观评价,甚至影响到汽车的市场竞争力,因此汽车制造企业十分重视汽车的面漆质量。

涂装工艺技术要求高,过程比较复杂。整个过程涉及大量的化学处理过程,需要精细的工艺参数控制,对油漆原材料质量以及各项加工设备精度的要求都很高。除了需要考虑众多的过程质量影响因素外,对于要进行控制的质量特性指标往往也存在着复杂非线性耦合关系。常常是在追求一个质量特性更接近目标值的同时,会导致另一个或多个质量特性偏离其目标,如在力求膜厚的时候,会导致表面流挂等缺陷。这也是传统的 SPC 技术遇到的难题。

在实际的生产过程中,企业往往只能通过专业技术人员的经验积累和不断地重复试验来寻求最佳的工艺参数,然后通过 SPC 控制图等局部监控几个过程参数来保证涂装质量,控制效率低下。由于涂装工艺复杂,其中采用了大量的自动化设备,如温控水箱、电子烘炉、喷涂机器人等,这些设备带有大量的检测传感器,记录着生产过程中主要的过程参数。然而这些重要的工艺过程数据存储在各种数据库中无法得到利用。本章提出的数据库知识发现技术非常适合于该过程的质量控制。

某整车制造企业的涂装工艺采用国际上比较流行的"三涂层"涂装工艺技术,该工艺也是保证轿车涂装质量的前提。其生产线主要包括连续式前处理生产线、连续式阴极电泳生产线、打磨线、烘炉线、喷漆线、喷胶线。其中前处理采用推杆式悬挂输送机,喷 PVC 线采用环链输送机,中涂线、面漆线、储存线等采用滑橇输送系统。生产线全部采用自动化设备可以实现自动监视、控制、调整生产过程中的主要工艺参数和设备的运行情况。涂装工序流程如图 9-14 所示。

涂装工艺主要工序包括:预处理、电泳、喷漆和烘干工艺等。根据实际的生产经验,选取了 10 个显著影响涂装质量的关键过程参数,分别是:前处理工艺中预脱脂和脱脂工序的喷压(P_1,P_2)和温度(T_1,T_2);喷涂工艺中的喷漆压力(P_3)和喷房风速(V);烘烤工艺中空气压缩机的压力(P_4),干燥房的温度(T_3),烘烤房温度(T_4)和煤气压力(P_5)。另外选取最为常见的流挂、缩孔、斑点和橘皮 4 种质量缺陷,为涂装质量指标进行关联规则的挖掘。

首先,根据挖掘任务需要,将散布在各个异构系统中的质量数据抽取出来,进行数据预处理和存储,建立面向涂装质量信息表,如表 9-2 所示。

图 9-14　涂装工艺流程图

表 9-2　涂装质量信息表

字段名	数据类型	说明
P_1	float	预脱脂喷压（gN）
P_2	float	脱脂喷压（gN）
T_1	float	预脱脂液温（℃）
T_2	float	脱脂液温（℃）
P_3	float	喷漆喷压（gN）
P_4	float	空气压缩机压力（gN）
T_3	float	干燥房温度（℃）
P_5	float	煤气喷压（gN）
V	float	喷房风速（m/s）
T_4	float	烘烤房温度（℃）
F	int	质量类型

注：表中，质量类型 F 取值为 0、1、2、3、4，分别表示正常、流挂、缩孔、斑点、橘皮。

算法参数选取：群体规模 $Popsize=50$；交叉概率 $P_c=0.65$；变异概率 $P_m=0.05$；迭代次数 $Gen=400$；样本剩余阈值 10%。经过计算得出以下规则：

(1)对正常产品(质量类型 $F=0$)抽取规则如下

$(0.4\leqslant P_1\leqslant0.47)\wedge(0.21\leqslant P_2\leqslant0.29)\wedge(0.48\leqslant P_3\leqslant0.59)\wedge(6.64\leqslant P_4\leqslant7.79)\wedge(6.25\leqslant P_5\leqslant6.88)\wedge(45.5\leqslant T_1\leqslant52.1)\wedge(46.5\leqslant T_2\leqslant51.9)\wedge(55.5\leqslant T_3\leqslant62.8)\wedge(60.6\leqslant T_4\leqslant69.1)\wedge(0.72\leqslant V\leqslant0.83)$

从上述规则可以看出,涂装工艺的最佳参数应设置如下:前处理工艺中预脱脂处的喷压应为(0.4,0.47),温度保持在(45.5,52.1);脱脂处的喷压应为(0.21,0.29),液温保持在(46.5,51.9);喷涂工艺中喷漆压力应保持在(0.48,0.59),喷房风速应为(0.72,0.83);烘烤工艺中空气压缩机压力应为(6.64,7.79),煤气压力保持在(6.25,6.88),干燥房的温度保持在(55.5,62.8),烘烤房的温度应保持在(60.6,69.1)。

(2)对出现流挂质量缺陷的产品($F=1$)抽取规则如下

$(6.21\leqslant P_4\leqslant6.61)\wedge(41.8\leqslant T_3\leqslant45.1)\wedge(53.5\leqslant T_4\leqslant58.2)$

对比正常状态,当煤气压力以及干燥房和烘烤房温度过低时(比如 $P_4\leqslant6.61$,$T_3\leqslant45.1$,$T_4\leqslant58.2$),容易出现流挂的质量缺陷。因此,在涂装工艺上要重点监控干燥房温度和烘烤房温度以及煤气压力。

(3)对出现表面缩孔质量缺陷的产品($F=2$)抽取规则如下

$(70.8\leqslant T_3\leqslant80.2)\wedge(72.3\leqslant T_4\leqslant79.1)\wedge(1.02\leqslant V\leqslant1.23)$

当干燥房温度 T_3 大于 $70.8℃$ 并且烘烤房的温度和喷房的风速分别大于 $72.3℃$、$1.02m/s$ 时,很可能会产生缩孔的质量缺陷。

(4)对出现斑点质量缺陷的产品($F=3$)抽取规则如下

$(0.21\leqslant P_1\leqslant0.32)\wedge(0.09\leqslant P_2\leqslant0.16)\wedge(0.24\leqslant P_3\leqslant0.39)\wedge(3.81\leqslant P_4\leqslant4.39)\wedge(4.87\leqslant P_5\leqslant5.62)\wedge(40.8\leqslant T_3\leqslant48.2)\wedge(50.7\leqslant T_4\leqslant56.1)\wedge(0.42\leqslant V\leqslant0.58)$

通过规则分析可知,如果涂装工艺中几个关键工序处的压力过小、烘烤温度不够以及喷房风速太低,将有可能导致出现斑点缺陷。

(5)对出现橘皮质量缺陷的产品($F=4$)抽取规则如下

$(61.4\leqslant T_3\leqslant69.7)\wedge(65.3\leqslant T_4\leqslant76.1)\wedge(0.92\leqslant V\leqslant1.03)$

如果干燥房温度、烘烤房的温度和喷房的风速过高,将可能会产生橘皮的现象。而且结合规则(3)分析,可以看到当烘烤工艺的温度和风速持续升高时,先会出现橘皮的现象,接着就会产生缩孔。

根据上述抽取出来的规则,现场操作员工可以直接根据规则集的指导,处理质量异常问题,使得工艺过程处于受控状态。并且对于质量工程师来说,通过对这些规则的分析,可以弄清工艺参数与输出产品质量之间的复杂关系,进而对生产过程进行优化,实现质量的持续改进。

9.6　数字化平台建设案例

9.6.1　系统总体目标

本章的案例企业为西部某整车制造企业,该企业作为国内知名整车制造厂家,在生产规模和自动化程度等方面均处于国内同行领先地位。公司管理信息化水平程度较高,已经成功实施制造执行系统 MES 软件、财务软件和办公自动化系统等多种信息化管理系统。

当前,公司虽然重视质量过程控制,但大多仍是沿袭传统的方法,如质量信息的采集、处理、分析基本上是由人工完成,质量统计员在固定的时间点(每天生产结束或月底)汇总生产质量数据,如不合格产品的百分率等,进行统计分析,再上报给管理人员。质量信息的传递、反馈非常滞后。一旦生产过程中出现质量故障,都是操作人员、管理人员齐上阵。这种救火式的质量管理方法,导致在过程质量控制这一环节效率不高,无法即时响应和科学判定,不满足汽车生产过程质量控制的要求。

因此,数字化平台以过程质量控制为主线,用信息系统的建设来促进汽车制造过程质量管理,将整车制造过程中质量信息利用率最大化,把最低的成本、最小的浪费、最高的效率和统一的信息管理平台作为实现过程质量管理的基础,对信息管理系统的设计提出以下几点目标:

(1)保证实际质量数据传送的快速性和可靠性以及管理人员日常统计分析的准确性和完整性,最终提高质量管理部门的整体运作效率。

(2)保证过程质量管理信息流在企业部门内流动的畅通,实现并行质量信息流的跟踪控制。对产品制造过程有良好的监控、反馈和管理功能,真正做到事前预防、事中控制、事后改进的螺旋式循环质量管理机制。

（3）建立过程质量信息管理系统与 ERP、MES 等其他业务系统的数据交换接口，保证质量信息与生产计划信息、设备运行信息等有效集成。提供多种信息终端接入方式，并采用系统开放式接入与后台封闭式管理相结合的操作形式。

（4）建立质量管理相关分析与决策支持功能的知识库，提供集成智能化质量分析诊断工具，实现科学有效的分析与决策支持。

9.6.2　系统结构设计

根据目前企业质量管理的基本模式，首先需要解决的是产品生产过程中质量数据的采集，其中同其他信息化系统的数据集成以及业务流程的整合也是集成质量系统质量数据来源的重要工作，同时需要完成对质量目标的分解、质量数据的综合管理以及产品质量的持续改进等与质量管理直接相关的工作。系统的主要功能模块图如图 9-15 所示。系统中的主要功能介绍如下：

（1）基础数据管理。产品 BOM 表树，材料与（半）成品基础数据，操作工艺及工序定义，质量监测点的设定以及与质量规划相关内容和参数目标值的设定等。完整、准确、规范和及时的基础数据是质量管理系统正常运转的前提。

（2）过程质量监测数据的采集与存储，包括制造过程中在线的状态数据及离线的质检数据。另外包括从 ERP、MES 等其他业务系统中获取的零部件、设备、人员等质量相关数据。通过产品、工艺及零部件编号实现关联。

（3）关键工序过程质量控制。根据产品的质量特性控制需要，设定重点或关键工序的质控点。针对不同的制造过程，运用适当的 SPC 控制图进行过程质量的稳态监控，根据历史实例，采用改进极端学习机对过程质量特性进行了预测，实现对过程质量特性值异常波动的预警，减少大规模加工缺陷。

（4）质量分析与改进管理。质量分析包括了计量型质量特性指标的统计分析，计数型指标的不合格率统计分析，工序过程能力的分析以及异常状态的诱因分析。其中质量诱因与质量故障的关联分析是及时排除系统异常，实现过程质量持续改进的重要内容。

（5）质量知识管理。建立面向质量控制主体的数据集市，根据预设目标进行数据挖掘，形成知识规则，提供质量决策管理支持。

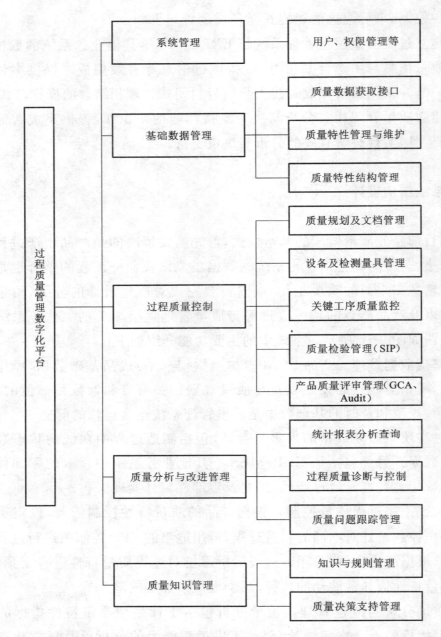

图 9-15　过程质量管理信息系统的主要功能模块图

9.6.3　网络结构设计

本原型系统采用 B/S 模式的构架,系统网络结构如图 9-16 所示。

根据分层设计模式的思想,系统后台的数据层次结构模型如图 9-17 所示。共

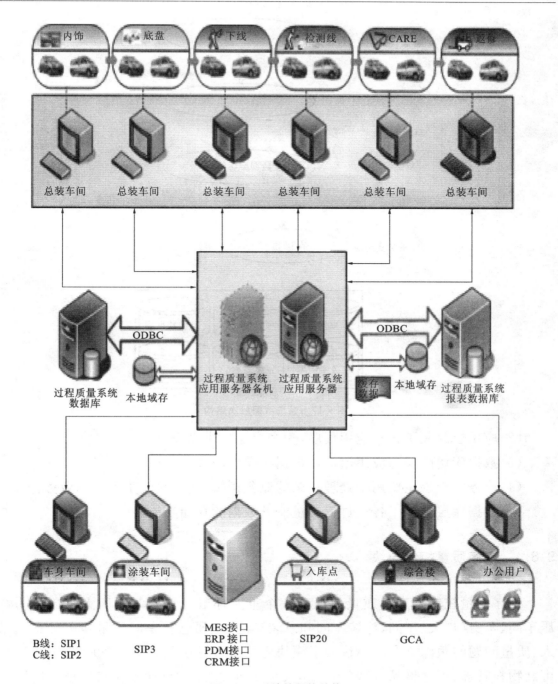

图 9-16 系统的网络结构

分为5层：

（1）客户层是客户登入操作界面，通过 WEB 浏览器即可完成各种应用，无须安装客户端。

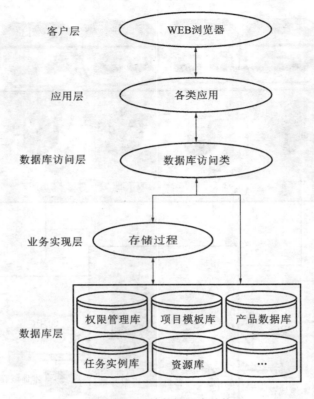

图 9-17　系统数据层次结构

（2）应用层封装了各种应用程序，为客户层提供服务。

（3）数据库访问层为应用层提供数据库操作服务。

（4）业务实现层主要用于处理复杂的业务逻辑，其中封装了大量的业务操作。

（5）数据库层提供了各类过程质量业务数据的存储功能。

9.6.4　工序质量控制模块

工序质量控制是产品质量保证的一个重要环节。按照制造四大工艺分为冲压车间、车身（焊装）车间、涂装车间和总装车间，主要进行车间质量检测信息的录入、质量问题的跟踪。车间模块的子模块主要有板材质量管理（图 9-18、图 9-19）、可疑物料管理、不合格品管理（图 9-20）、车间质量检测管理（图 9-21）、质量问题跟踪管理（图 9-22）、FTQ（First Time Quality，一次性下线合格率）信息录入、GCA（Global Customer Audit，汽车整车质量评审）管理、关键焊点管理、扭矩质量管理（图 9-23）、车门质量管理、三坐标质量管理、Audit 质量管理、电泳打磨质量管理、SPC（Statistical Process Control，统计过程控制）管理、面漆质量管理等。

日期	图号	产品名称	总数量	不合格数	问题描述	标准开料尺寸	实际开料尺寸	材质	捆包号	合同号	检验员	工段/班次	检测部位厚度(mm) a	b	c	d	修改	删除
2011-10-1	tu-20110727109-499	板材001	1000	5	厚度超过指标	20	22	钢	00001	00002	栗董	class-1	19.55/20.02	20.01/20.33	19.68/20.55	20.33/20.56	✏	☐

图 9-18　板材质量管理界面

添加/修改板材质量管理信息

（带*号的为必填项）

图号: Z *	标准开料尺寸:
产品名称: *	实际开料尺寸:
日期:	材质:
总数量:	捆包号:
不合格数:	合同号:
问题描述:	检测部位示意图:
检验员:	上传图片: 浏览... 上传
工段/班次:	检测结果: a b c d

确定　　返回

图 9-19　板材质量问题处理界面

不合格品统计

按车型查询：N109系列　第 1 周　统计日期：　　—　　搜索　　添加

序号	工段	车型	产量	合格数	不合格数	废品	修合	可疑物料	转修	离线返修率	离线返修率目标值	废品率	废品率目标值	报废(未确数)	返修报废
1	A	N109系列	3047	2638	409	0	500	0	0	0.00%		0.00%	0.08%		
		N107系列	10133	9447	686	0	976	0	0	0.00%	8.00%	0.00%	0.09%		
		N5系列	4658	4436	221	1	288	0	0	0.00%	8.00%	0.02%	0.12%		
		N200系列	0	0	0	0	0	0	0	0.00%	8.00%	0.00%	0.00%		
		CN100系列	366	270	90	6	307	0	0	0.00%		1.64%			
2	B	N109系列	3682	605	0	605	0	0	0	0.00%		0.00%	0.08%	1	
		N107系列	21304	2008	126	0	129	0	0	0.00%	8.00%	0.00%	0.01%		
		N5系列	0	0	0	0	0	0	0	0.00%	8.00%	0.00%			
		N200系列	335	320	25	0	25	0	0	0.00%	8.00%	0.03%	0.04%	2	
		CN100系列	0	0	0	0	0	0	0	0.00%		0.00%			

图 9-20　不合格品管理界面

图 9-21 车间质量检测管理界面

图 9-22 质量问题跟踪管理界面

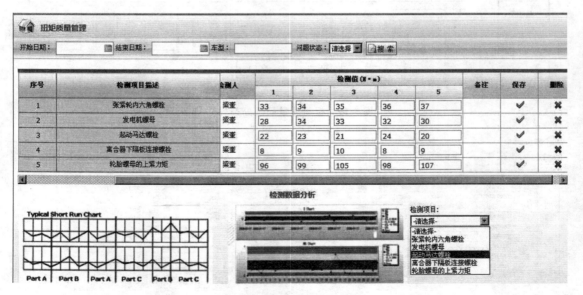

图 9-23 扭矩质量管理界面

9.6.5　质量诊断改进模块

　　模块主要进行整车质量的统计和分析,分为整车质量和质量统计分析两大模块。质量评审模块的子模块主要有 FEMA(管理)、FTQ 运行状态、FTQ 优先质量问题状态、GCA 管理、四大车间质量报表、关键质量问题跟踪报表等。车间质量报表如图 9-24 所示,冲压 GCA 信息反馈界面如图 9-25 所示,质量评审管理界面如图 9-26 所示,工厂质量运行状况如图 9-27 所示。

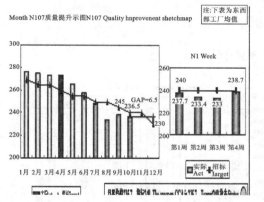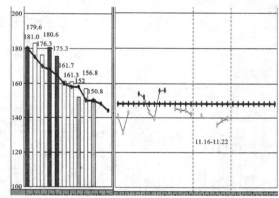

图 9-24　车间质量报表

图 9-25　冲压 GCA 信息反馈界面

序号	车型	检测项目	扣分	日期	制作单位
1	N109系列	顶盖	24	2011-10-26	质量部
2	N109系列	后门内板	12	2011-10-27	质量部
3	N109系列	左前侧围外板	9	2011-10-28	质量部
4	N109系列	右侧围外板	21	2011-10-29	质量部
5	N200系列	右门内板	15	2011-10-30	质量部
6	N200系列	右前侧围外板	5	2011-10-31	质量部

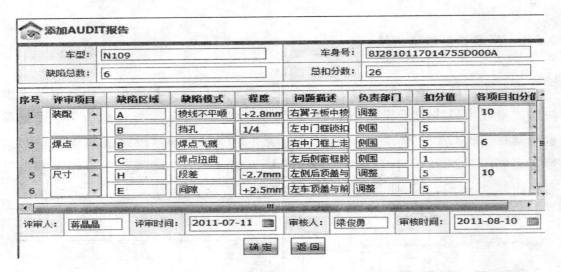

图 9-26　质量评审管理界面

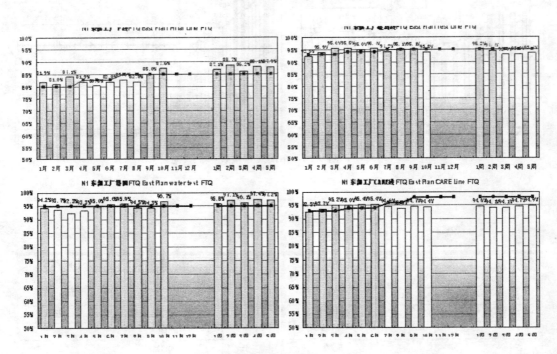

图 9-27　工厂质量运行状况

10 建材装备制造企业质量管理案例

建材装备制造业在我国传统制造行业中占有很大的比重,是我国国民经济的重要支柱,其质量控制显得尤为重要。由于建材装备产品质量主要形成于制造过程,所以工序过程质量控制是管理人员分析的重点。建材装备制造过程中拥有大量的历史数据,有静态的、动态的,还有生产设备的数据以及工艺参数等。传统的质量控制模型,采用人工的方法来采集、分析和诊断质量问题,在很大程度上制约了质量控制的效率和速度。

10.1 系 统 需 求

本章的案例企业为唐山某重型机械制造有限公司,编者团队参与了该企业数字化管理平台的开发、实施与维护工作。该企业作为国内建材装备制造企业的一个典型企业,加工装备精良,主要有 220mm 数控落地镗床、4m×13m 的龙门镗铣床、10m 滚齿机、10m 立车、φ6.25m×24m 筒体车床、φ100mm 整体筒体钻孔机床、150mm×2500mm 卷板机、6m×7m×19m 热处理炉、钢结构生产线、抛丸除锈生产线、250T 桥吊等大型设备及配套齐全、先进的理化实验和检验设备。主要产品有:各式管磨机、回转窑、立磨、堆取料机、选粉机、辊压机、箅冷机、收尘器、水泥冷却器、预热器、回转烘干机、增湿塔、空气热交换器、锤式破碎机等关键设备和大型钢结构、非标设备等。该企业在信息化建设上做了大量的投入,通过数字化管理平台集成了现有的办公自动化系统(OA)、财务软件等,提高了企业的工作效率。

当前,公司的制造过程质量控制方法主要以传统的手工采集、存储和分析,花费大量的纸张、人力和物力,但是质量统计分析、质量数据传递等往往差强人意。

对于质量问题的反馈和诊断非常滞后,导致不能及时消除质量隐患,不满足建材装备生产过程质量控制的要求。

因此,本章通过质量信息管理系统来实现建材装备制造过程的质量控制,最大限度地收集制造过程中、存储和分析生产过程中有用的质量数据,从而实现质量管理的高效和准确性。

结合企业实际特点,对质量控制系统的设计有几点目标:

(1)保证质量数据获取、流转的快速性和正确性,使得质量管理人员统计数据的准确度提高,从而从整体上提高企业质量管理运作的效率。

(2)保证产品质量信息在部门内部的共享速度,实现对企业制造过程中关键节点的质量跟踪与监控。采用有效的质量控制手段,做到事前预防,过程中实施控制,事后能够有效改进。

(3)与企业的其他管理系统进行数据交互,对质量管理系统的关键节点留出端口实现与企业所有平台的一个信息集成。保证多种数据结构的录入模式,通过系统的可配置和开放性保证质量管理的可持续发展。

(4)通过对产品质量数据的存储,将历时分析的相关数据建立成能够为企业质量管理起到决策分析的知识库。质量管理人员通过知识库能够做出提升质量的决策支持。

10.2　系统设计

10.2.1　系统总体结构设计

通过以上对质量管理系统的需求和目标的一些分析,结合该企业的实际管理特点,设计的建材装备制造过程质量控制系统的总体结构如图 10-1 所示,主要功能模块详细说明如下:

(1)系统管理

系统管理模块主要用于对系统中的用户权限以及与用户权限有关的数据(人员、部门以及岗位)等进行管理。其中,权限管理是指对系统中所有功能模块的操作按人员的角色来进行配置。通过人员、角色以及权限间的关系实现了对数据的

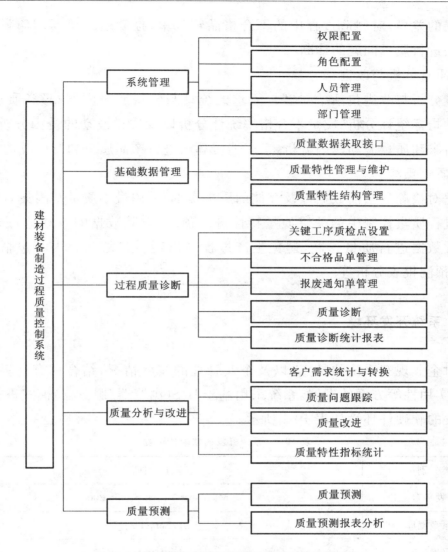

图 10-1   建材装备制造过程质量控制系统总体结构

有效管理和关联。还包括了人员管理、部门管理的详细信息，实现了部门按层级的管理、人员详细信息的管理。

（2）基础数据管理

主要包括了物料编码、BOM 详细清单、产品设计工艺准则、质量体系以及质量特性数据的相关维护和接口管理等。规范、标准、正确的质量基础数据是质量信息管理系统正常运行的基础。

（3）过程质量诊断

对关键工序和关键检测点进行有效的产品质量控制。针对不同产品制造过程中存在的差异,对制造过程中的不合格品管理单、报废通知单运用质量基因相似度算法进行质量问题的诊断。

(4)质量分析与改进

质量分析与改进包括了对客户需求的统计与转换质量问题跟踪、质量改进、质量特性指标统计分析、质量不合格率统计分析以及质量波动的诱因分析等。针对客户需求和质量波动诱因分析,运用遗传算法进行产品质量的持续改进。

(5)质量预测

根据对检测的当前数据以及存储的历史实例,采用最小质量基因集 GM(1,1)方法对过程质量控制中的关键质量特性进行预测,对其数据的波动进行分析,及时对异常数据进行质量诊断,避免生产过程中出现质量故障。内容包括质量预测、质量预测报表分析等。

10.2.2 系统开发环境

针对企业现有系统的特点,以及企业管理的实际情况,结合现有计算机技术安全性、实用性等方面的发展,系统采用基于 B/S(浏览器/服务器)模式进行开发。系统开发的软硬件环境如表 10-1 所示。

表 10-1 系统开发的软硬件环境

类　别	工　具
开发平台	Microsoft Visual Studio 2008
关系数据库	SQL Server 2005
数据库工具	Nhibernate
脚本语言	JavaScript
工作流	NetBpm
页面设计	Flash、Dream weaver、Photoshop
第三方控件	Ajax. dll、WebChart. dll、NTKO OFFICE 文档控件、Crystal Reports
操作系统	Windows 2003
客户端 Browser	IE6.0 及以上版本

10.2.3　系统结构设计

　　该质量管理系统采用 B/S 模式开发，综合应用关系型数据库的特点，建立了层次结构模型，如图 10-2 所示。

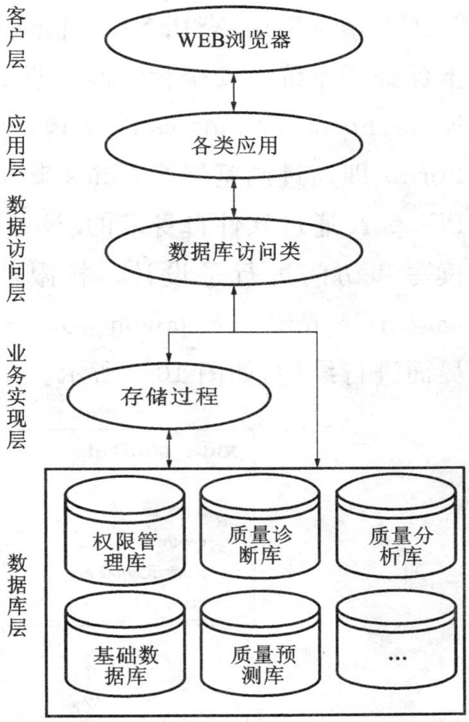

　　层次结构包括了 5 大部分，分别是：客户层、应用层、数据访问层、业务实现层和数据库层。说明如下：

　　（1）客户层采用的是标准的 WEB 浏览器方法，用户无须通过客户端，直接使用浏览器就能访问系统，方便快捷。

　　（2）应用层中包含了各种操作功能，便于用户从客户端进行访问。

　　（3）数据库访问层包含了数据库访问的各种接口，为应用层中各模块功能提供了数据库的操作服务。操作服务分别从安全性和并发能力的角度进行了封装。

　　（4）业务实现层用于实现分析操作层与数据库之间的交互，常用类来对业务流程进行封装，封装方法如图 10-3 所示。

　　（5）数据库层提供了业务实现层中的各类数据结构，实现数据存储。

图 10-2　基于关系型数据库的层次结构模型

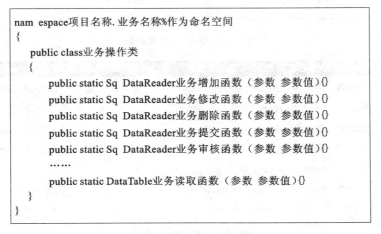

```
nam espace项目名称.业务名称%作为命名空间
{
    public class业务操作类
    {
        public static Sq DataReader业务增加函数（参数 参数值）{}
        public static Sq DataReader业务修改函数（参数 参数值）{}
        public static Sq DataReader业务删除函数（参数 参数值）{}
        public static Sq DataReader业务提交函数（参数 参数值）{}
        public static Sq DataReader业务审核函数（参数 参数值）{}
        ……
        public static DataTable业务读取函数（参数 参数值）{}
    }
}
```

图 10-3　业务流程的封装

10.2.4 系统的安全性设计

本系统采用 ASP.NET 平台进行开发，主要从身份验证、权限控制、角色管理上保证了系统的安全性。身份验证是指对用户身份进行验证，主要验证模式有：None、Forms、Windows 以及 Passport4 种。None 即 ASP.NET 不进行验证操作；Forms 即通过浏览器 Cookies 来进行验证；Windows 一般与 IIS 一起来执行验证；Passport 通过软件自身带的.Net Passport 进行验证。权限设计对页面上数据的读写和访问进行了设计。权限数据结构如图 10-4 所示，page_control、power_page、role_info 以及 power_role 分别用于保存控件、页面以及角色的管理，并通过界面进行维护，如图 10-5 所示。

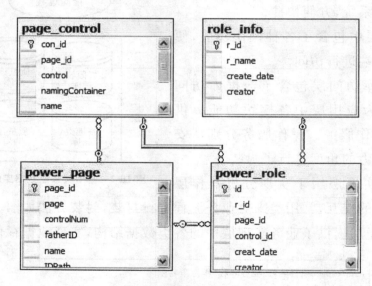

图 10-4 权限数据结构表

ID	权限名称	父类名称	对应页面	包含控件数量	修改	删除
2	项目管理	顶层大类	/PM_Data/PD_Menu.aspx	4	详细信息	删除
3	系统管理	顶层大类	/Systems/QX_Menu.aspx	2	详细信息	删除
5	基础数据	顶层大类	/Basic_Data/BD_Menu.aspx	2	详细信息	删除
6	员工管理	基础数据	/Basic_Data/BD_Peop_List.aspx	3	详细信息	删除
7	零件管理	基础数据	/Basic_Data/BD_Material_List.aspx	3	详细信息	删除
8	权限管理	系统管理	/Systems/QX_Power_List.aspx	3	详细信息	删除
9	角色管理	系统管理	/Systems/QX_Role_List.aspx	3	详细信息	删除

图 10-5 权限维护界面

10.3　模块设计实例

根据上述对质量控制系统的总体结构分析,系统的主界面设计如图 10-6 所示,系统管理、基础数据、质量控制等分别说明如下。

图 10-6　建材装备制造企业质量控制系统主界面

10.3.1　系统管理

系统管理主要分为权限管理、人员管理、部门管理等功能模块。权限管理实现了对页面地址、页面名称、控件 ID、控件名称以及控件跳转地址、所属类别(例如顶层大类、系统管理等)的数据存储,如图 10-7 所示。

根据图 10-7 配置权限-页面及控件的关系后,所有的权限名称、父类名称、权限对应页面、页面包含的控件数就能像如图 10-8 一样显示成列表。通过该列表可以生成如图 10-9 所示的权限配置的树形结构图,分别勾选结构树下不同的权限,就能生成出不同的角色,如图 10-10 所示。再通过权限组别配置,就能确定各部门的人员角色,如图 10-11 所示。

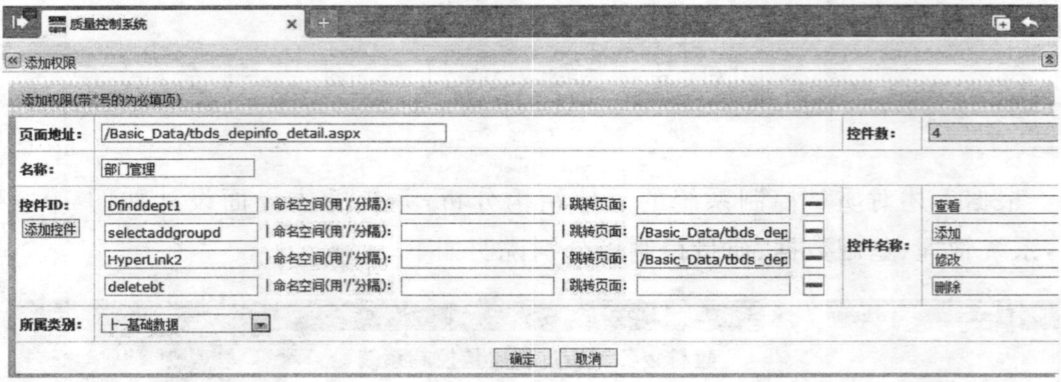

图 10-7　权限-页面及其控件添加修改页面

图 10-8　权限-页面管理界面

图 10-9　权限配置树形结构页面

图 10-10　角色-权限配置页面

图 10-11 人员角色

10.3.2 基础数据管理

在基础数据中,产品数据结构及物料清单(BOM)是质量控制系统运行的基础。其表结构说明如图 10-12 所示,操作界面如图 10-13 所示。表结构中,BOM 明细表与 BOM 临时表通过字段序号(XUHAO)进行"主外键"关联,BOM 临时表的目的是为了防止 BOM 在录入过程中出现同样的序号;序号是实现 BOM 层级关系的表现型,例如图 10-13 中序号 1.1 与 1.1.1 表示两个物料间的层级关系;BOM 明细表与物料表通过物料编码(WCODE)进行关联。

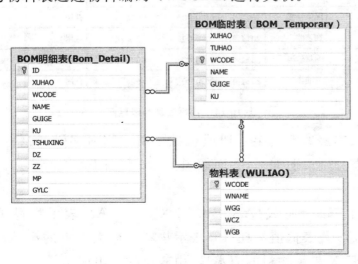

图 10-12 BOM 表结构说明

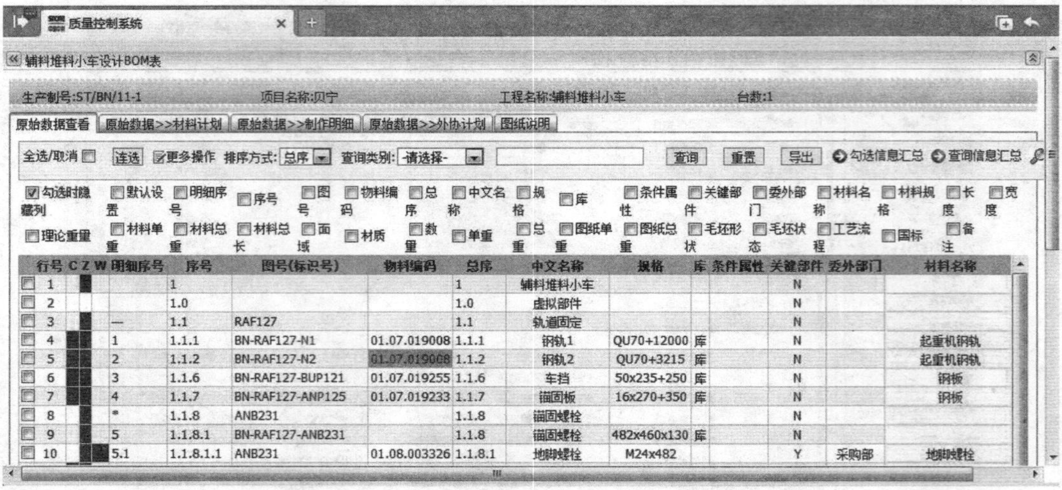

行号	C	Z	W	明细序号	序号	图号(标识号)	物料编码	总序	中文名称	规格	库	条件属性	关键部件	委外部门	材料名称
1					1			1	辅料堆料小车				N		
2					1.0			1.0	虚拟部件				N		
3				—	1.1	RAF127		1.1	轨道固定				N		
4				1	1.1.1	BN-RAF127-N1	01.07.019008	1.1.1	钢轨1	QU70+12000	库		N		起重机钢轨
5				2	1.1.2	BN-RAF127-N2	01.07.019008	1.1.2	钢轨2	QU70+3215	库		N		起重机钢轨
6				3	1.1.6	BN-RAF127-BUP121	01.07.019255	1.1.6	车挡	50x235+250	库		N		钢板
7				4	1.1.7	BN-RAF127-ANP125	01.07.019233	1.1.7	锚固板	16x270+350	库		N		钢板
8				*	1.1.8	ANB231		1.1.8	锚固螺栓				N		
9				5	1.1.8.1	BN-RAF127-ANB231		1.1.8	锚固螺栓	482x460x130	库		N		
10				5.1	1.1.8.1.1	ANB231	01.08.003326	1.1.8.1	地脚螺栓	M24x482			Y	采购部	地脚螺栓

图 10-13 BOM 操作界面

物料编码管理是质量控制系统与公司 ERP 系统管理的重要保障,其按大类可分两大类,即原材料和低值易耗(图 10-14)。

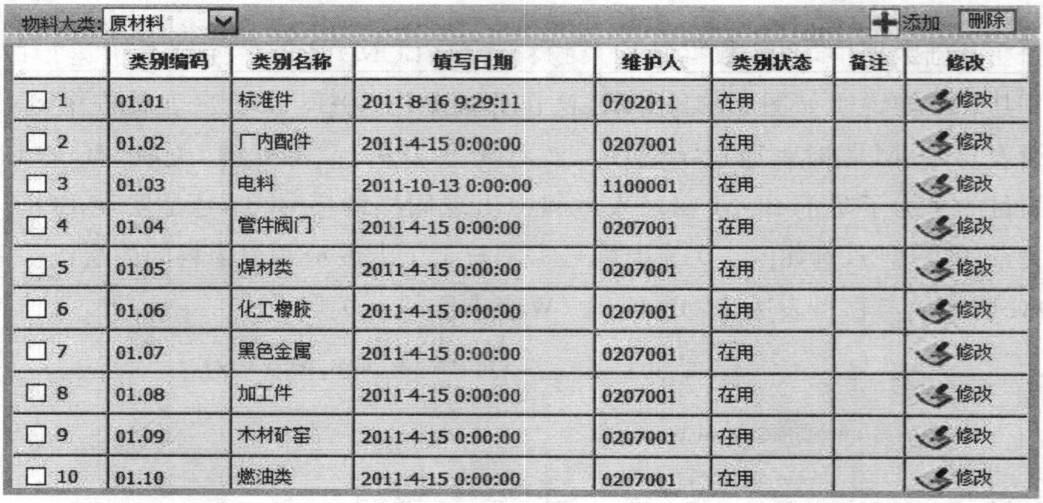

	类别编码	类别名称	填写日期	维护人	类别状态	备注	修改
1	01.01	标准件	2011-8-16 9:29:11	0702011	在用		修改
2	01.02	厂内配件	2011-4-15 0:00:00	0207001	在用		修改
3	01.03	电料	2011-10-13 0:00:00	1100001	在用		修改
4	01.04	管件阀门	2011-4-15 0:00:00	0207001	在用		修改
5	01.05	焊材类	2011-4-15 0:00:00	0207001	在用		修改
6	01.06	化工橡胶	2011-4-15 0:00:00	0207001	在用		修改
7	01.07	黑色金属	2011-4-15 0:00:00	0207001	在用		修改
8	01.08	加工件	2011-4-15 0:00:00	0207001	在用		修改
9	01.09	木材矿室	2011-4-15 0:00:00	0207001	在用		修改
10	01.10	燃油类	2011-4-15 0:00:00	0207001	在用		修改

图 10-14 物料信息管理界面

其分类方法主要参考五金手册或机械手册。物料编码、物料属性、物料助记码以及物料状态分别说明如下,界面如图 10-15 和图 10-16 所示。

(1)物料编码

物料编码由三部分组成:AA. BB. XXXXXX。AA 表示物料所属大类,其中 01 代表原材料,02 代表低值易耗;BB 表示物料所属大类下的小类,如标准件表示为 01 等;XXXXXX 表示物料的流水号,由 6 位数字组成。

选择物料大类：原材料 选择物料种类：外购件 每页显示：10 条记录 状态：○停用 ◉在用 筛选 导出 添加物料信息

序号	编号	中文名称	英文名称	助记码	规格	材质	国标	理论重量	米面积	技术单位	转换率	采购单位	辅助单位
1	01.01.043168	轴承-FAG		zc23056B.B	23056B.MB			0	0	套	1	套	
2	01.01.043169	轴承-FAG		zc23264B	23264MB			0	0	套	1	套	
3	01.01.043170	轴承-FAG		zc24076B.B	24076B.MB			158	0	套	1	套	
4	01.01.043171	轴承-FAG		zc24088B.B	24088B.BM			0	0	套	1	套	
5	01.01.043172	轴承-FAG		zc29340E	29340E			0	0	套	1	套	
6	01.11.000001	加热器备件		jrqbj140KW	140KW			0	0	套	1	套	T
7	01.11.000002	1KW加热器		jrqJGY-220/1	JGY-220/1			0	0	个	1	个	T
8	01.11.000003	2-3吨电动葫芦从动车轮组		dddhlcdclz				0	0	个	1	个	T
9	01.11.000004	242KW加热器备件		jrqbj140KW	140KW			0	0	套	1	套	T
10	01.11.000005	加热棒备件		jrbbj25KW	25KW			0	0	套	1	套	T

第1 /353页 首页 上一页 下一页 尾页 转到第 1 页 GO

图 10-15 物料属性(1)

编辑物料信息(带*号的为必填项)

ID:	**01.01.000001**
类别:	**标准件**
中文名称:	O型密封圈 *
英文名称:	
助记码:	3452.1195*7丁腈橡胶
理论重量:	0 *型材类:kg/m、板材类:kg/m²、标准件类:kg/个(台、套等)
米面积:	0 *型材类:每米长度的表面积(m²)
规格:	195*7
材质:	丁腈橡胶
国标:	GB/T 3452.1-1992
技术单位:	片 *
单位转换率:	1 * 技术单位与采购单位间的转换率
物料采购单位:	片 *

图 10-16 物料属性(2)

(2)物料属性

物料包含的属性有：物料编码、物料名称、助记码、规格、材质、国标、物料技术单位、物料单位转换率、物料采购单位、物料辅助单位、物料状态、维护人、维护时间、备注等。

物料编码表示物料的唯一标识符；物料名称表示物料的中文名字；物料助记

码是为了方便物料的输入；物料材质须参考五金手册或机械手册（若没有则为空）；物料国标表示参考五金手册或机械手册（若没有则为空）；物料技术单位表示技术部使用的单位；物料采购单位表示采购部采购用的单位（仓库也用该单位）；物料单位转换率表示技术单位与采购单位之间的转换关系（例如：黑色金属，在技术部使用单位是 kg，在采购部使用单位是 T，单位转换率为 1000。若技术员提 1000kg 的物料，采购部采购 1T 的物料）；物料状态有 0 和 1，1 表示在用，0 表示停用，当物料状态为 0 时，该物料将不被使用。

（3）物料助记码

编写助记码是为了方便在输入时自动匹配出相关的物料，提高输入效率。助记码编写规则是：物料拼音简称＋规格＋材质＋国标。但是针对不同的材料，规则可以修改，如目前标准件的"助记码"是：国标简称＋规格＋材质。

10.3.3　工序质量诊断

工序质量诊断模块包含了关键质检点设置、不合格品单管理、报废单管理、质量诊断与统计报表分析等。关键质检点设置如图 10-17 所示，分别根据交货状态设置检测内容。不合格品管理如图 10-18 和图 10-19 所示，不合格品主界面上显示了部件、处置方式、判定级别以及编制人等信息；不合格品通知单明细表，质检

图 10-17　质检点设置界面

人员描述了质量缺陷的等级、类型,并对不合格品缺陷进行了描述,由相应的部门提供处置意见。报废通知单管理如图 10-20 所示,报废通知单由质检员详细描述报废原因,并由相关部门填写处置意见。

图 10-18　不合格品主界面

图 10-19　不合格品通知单明细

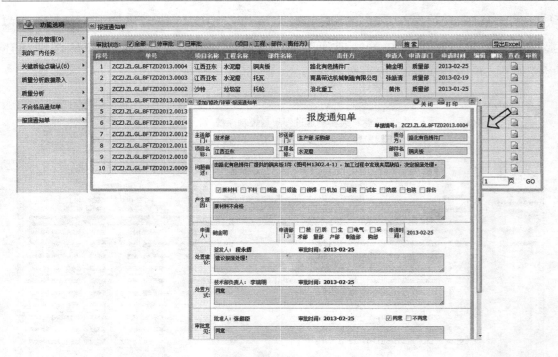

图 10-20　报废通知单管理界面

质量诊断明细表如图 10-21 所示,由质检人员根据质量问题的描述做成评审,同时可以按工序名称、工艺名称以及诊断地点进行查询;质量故障数统计界面如图 10-22 所示,可以针对部件按时间区间对质量故障进行统计分析,并可以按折线图、波动图以及柱状图进行显示。

工序名称: 1.1		工种名称: 焊接		合格数量: 120	
工艺名称: 焊接工艺		批　次: 2		废品数量: 120	
诊断时间: 2013-08-23		诊 断 人: XXX		诊断地点: 铆焊车间	

序号	评审项目	缺陷区域	缺陷模式	问题描述	负责调度	数量
1		A-1	焊点飞溅	齿轮外圈	XXX	1
2		A-2	间隙	轴承座	XXX	1
3		B-2	间隙	回转窑窑头	XXX	1
4		B-3	段差	行走结构轴	XXX	2
5		C-1	挡孔	筒体	XXX	2
6		C-2	焊角余高	管磨机小齿轮	XXX	2

图 10-21　质量诊断明细表

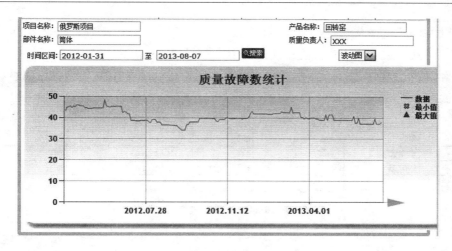

图 10-22   质量故障数统计

10.3.4   质量分析与改进

质量分析与改进是质量控制的重要环节,为质量预测提供了基础。主要包括了对客户需求转换,质量制造过程的改进,质量特性关联性分析,质量不合格率统计分析以及质量波动的诱因分析,质量分析审批流程定义等。

客户需求转换界面如图 10-23 所示,质量改进内容如图 10-24 所示,质量特性关联性分析界面如图 10-25 所示,质量分析审核流程定义界面如图 10-26 所示。

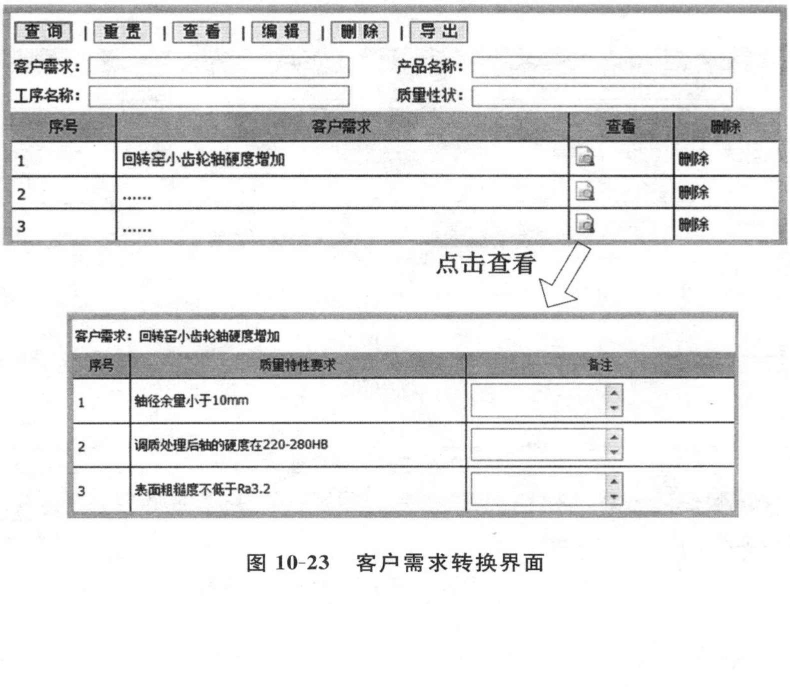

图 10-23   客户需求转换界面

| 查询 | 重置 | 查看 | 编辑 | 删除 | 导出 |

项目名称：[　　　　　　　　] 部件名称：[　　　　　　　　]
改进内容：[　　　　　　　　] 改进时间：[　　　　　　　　]

序号	项目	部件	改进内容	日期	制作单位
1	印度	轴套、锥套	外观、尺寸	2013-06-08	制作一组
2	吉林广利	上轴承座	直径	2013-05-15	制作二组
3	高新技术	带孔螺栓	外观	2013-07-20	制作三组
4	印尼	轨道压板	厚度	2013-05-14	制作一组
5	保加利亚	下料箅子	长度	2013-06-18	制作一组
6	CCC二期	气缸	缸径	2013-08-20	制作一组
7	...	...	...	...	...

图 10-24 质量改进内容

| 计算 | 数据导入 |

设备类型：[回转窑] 产品名称：[齿圈]
工序名称：[第5道工序] 质量性状：[齿圈外圆直径尺寸精度]

序号	关联质量性状代号	关联质量性状名称	关联值
1	q41	外齿圈直径值	-0.322453
2	q42	齿圈外圆表面粗糙度	-0.037391
3	q43	外齿圈硬度	-0.078694
4	q44	基准线平行度	16.16191
5	q45	基准线垂直度	-21.01457
6	q46	内齿圈直径值	0.221635
7	q47	齿圈内圆表面粗糙度	-0.041641

图 10-25 质量特性关联性分析界面

流程步骤属性		
流程分类：	质量分析审核 ▼	
流程ID：	10	控制同一分类下流程的排序
步骤名称：	部门负责人审核	
有权利审查此步骤人员：	杨航,	添加 清空 (选填)
表单：	生产管理 ▼	

可用字段：

可用字段
申请人
申请内容
审核人
批准人

备选字段
申请人
申请内容
审核人
批准人

<< < > >>

步骤顺序号：[3]
下一步的顺序号：[5] 用隔开 如(2,3) 0为结束流程

相关操作

↺流程设计器 ≗监控人员 ✎查看人员 ❓高级查询字段

数据 克隆 清空 删除
导出 导入

图 10-26 质量分析审核流程定义界面

10.3.5 质量预测

质量预测是为了提前获取产品制造过程的质量波动,从而采取措施避免可能出现的质量问题。它主要包含的功能有当前检测质量数据管理、历史质量数据分析、质量特性异常波动预警分析等。

当前检测质量数据管理界面如图 10-27 所示,质量特性异常波动预警分析界面如图 10-28 所示。通过当前建材质量数据管理界面就能实时调用和查询质量特性的值,并且其与历史质量数据可作为质量特性预警分析的基础数据。

行号	组装序号	生产制号	项目名称	工程名称	部件名称	数量	总量	检测数据	质检工程师
1	1.1	AHE/GU/29-1	厄瓜多尔	热交换器	主框架	1	30482.28		
2	1.2	AHE/GU/29-1	厄瓜多尔	热交换器	料斗	1	8811.45		
3	1.3	AHE/GU/29-1	厄瓜多尔	热交换器	框架柱	1	152793.4		
4	1.4	AHE/GU/29-1	厄瓜多尔	热交换器	进气室上部	1	3844.787		
5	1.5	AHE/GU/29-1	厄瓜多尔	热交换器	平台	1	3793.832		
6	1.6	AHE/GU/29-1	厄瓜多尔	热交换器	散热器	1	5733.08		
7	1.7	AHE/GU/29-1	厄瓜多尔	热交换器	风机平台	1	2286.66		
8	1.8	AHE/GU/29-1	厄瓜多尔	热交换器	楼梯及平台	1	9044.23		
9	1.9	AHE/GU/29-1	厄瓜多尔	热交换器	发运标准件	1	16.4		

图 10-27 当前检测质量数据管理界面

质量预测

设备类型:回转窑　　　产品名称:行走机构

序号	关联质量性状代号	历史故障次数	百分比	当前检测数据	影响度
1	q1	22	0.197	130.5	0.68
2	q2	15	0.134	160	0.67
3	q3	6	0.054	181.5	0.30
4	q4	7	0.063	181	0.64
5	q5	18	0.161	630	0.70
6	q6	24	0.214	128.5	0.70
7	q7	8	0.071	112	0.30
8	q8	12	0.107	162	0.81

图 10-28 质量特性异常波动预警分析界面

采用 ASP. NET(C♯)编程技术将 GM(1,1)算法在后台实现,点击计算后,就能根据前台界面输入的相关数据计算出每个质量特性对后续加工的影响程度,从而可以提前采取措施进行预警,避免后续质量故障的产生。

参 考 文 献

[1] 孙静.接近零不合格过程的有效控制——实现六西格玛质量的途径[M].北京:清华大学出版社,2005.

[2] 文放怀.SPC实战[M].广州:广东经济出版社,2005.

[3] 王淑君.常规控制图与累积和控制图[M].北京:国防工业出版社,1990.

[4] 张公绪,阎育芳.质量管理与选控图[M].北京:人民邮电出版社,1983.

[5] 孙静,张公绪.常规控制图标准及其应用[M].北京:中国标准出版社,2000.

[6] 全国管理和质量保证标准化技术委员会秘书处,中国质量体系认证机构国家认可委员会秘书处.2000版质量管理体系国家标准理解与实施[M].北京:中国标准出版社,2003.

[7] 戴维斯.ISO9000管理体系手册[M].北京:中国标准出版社,2000.

[8] JURAN M.朱兰质量手册(第五版)[M].焦叔斌,等译.北京:中国人民大学出版社,2003.

[9] 菲根堡姆.全面质量管理[M].北京:机械工业出版社,1991.